Weihnachten 2016
von Michael an Daniel

Weihnachten 2016
von Michael an Daniel

# Ritter und Burgen

# Ritter
# und Burgen

Ravensburger Buchverlag

# Inhalt

Hier geht's weiter! Komm mit ins Buch!

# Zu diesem Buch

## Ende der Ritterzeit

68

### Knack den Code!
- Spannende Rätsel-fragen
- Fragen sind durch-nummeriert, diese Nummern finden sich auf der Schatz-karte auf Seite 72 wieder
- In Klammern angegebene Buch-staben merken
- Lösungsbuchstaben werden auf der Schatzkarte einge-tragen: Gewinnspiel
- Gewinnmöglichkeit auch im Internet (mehr dazu auf Seite 80)

**Knack den Code!**

5. In welchem Land steht eine Kopie der Marksburg?
(5. Buchstabe)

### Kaum zu glauben
- Informative Fakten, die unterhalten und verblüffen

**Kaum zu glauben**

Auf Burg Pfalz-grafenstein gab es ein Brunnen-verlies! Die Gefangenen trieben dort auf einem Floß.

1589 wird mit dem Aus-bau der Burg Königstein zur Festung begonnen.

Im 15. Jahrhundert ging nach 700 Jahren die Zeit der Ritter zu Ende. Warum verloren die Ritter an Bedeutung? Für ihren Untergang waren vor allem zwei Dinge ver-antwortlich.

#### Kanonen gegen Lanzen
Die Ritter waren durch ihre Kraft und Ausdauer im Kampf berühmt. Sie stritten mit Schwert und Streitaxt Auge in Auge mit ihrem Gegner. Als im 14. Jahrhundert aber immer mehr Feuerwaffen eingesetzt wurden, boten die Rüstungen den Rittern keinen ausreichenden Schutz vor den Gewehrkugeln mehr.

#### Schrumpfende Einkünfte
Im 14. Jahrhundert herrschten lan-desweit verheerende Seuchen, an denen unzählige Menschen starben. Viele Felder konnten nicht mehr bestellt werden, sodass Hungersnöte ausbrachen. Betroffen waren auch die Burgherren: keine Ernte – keine Einkünfte. So wurden die Ritter zunehmend ärmer und machtloser.

**Du entscheidest selbst!**
- Was interessiert dich am meisten?
- Auf welcher Seite willst du weiterlesen?

**Verschiedene Textsorten**
- Zeitungsartikel, Briefe, Postkarten, Tagebucheinträge oder Listen

Du entscheidest selbst!

Kann man Schwäne essen?
➡ Seite 50/51
Was versteht man unter einer Motte?
➡ Seite 10/11

## Offizier oder Raubritter

Als die Ritterzeit zu Ende ging, suchten sich manche Ritter ein Amt an einem Fürstenhof. Andere wurden Offiziere in einem Söldnerheer. Söldnerheere bestanden aus bezahlten Soldaten, die jeder anwerben konnte, wenn er das Geld dafür hatte.

Manche Ritter trieben aber auch als Raubritter ihr Unwesen. Sie überfielen Kaufleute und plünderten sie aus. In einigen Gegenden gab es so viele Raubritter, dass die Landesherren ihre Söldnerheere losschickten, um den Raubrittern Einhalt zu gebieten. Viele Burgen der Raubritter wurden zerstört und sind heute nur noch Ruinen.

„... Kein Dorf können wir unbewaffnet besuchen, auf Jagd und Fischfang nur in Eisen gehen. Die Burg selbst ist nicht als angenehmer Aufenthalt, sondern als Festung gebaut. Sie ist von Mauern und Gräben umgeben, innen ist sie eng. Daneben liegen dunkle Kammern, vollgepfropft mit Geschützen, Pech, Schwefel ... Überall stinkt es nach Schießpulver. und dann die Hunde und ihr Dreck auch das – ich muss schon sagen – ein lieblicher Duft. Reiter kommen und gehen, darunter Räuber, Diebe und Wegelagerer."

**In diesem Brief beklagte sich der Gelehrte Ulrich von Hutten 1516 über die neue Zeit.**

**Kaiser Maximilian I.**
▶ Der deutsche Kaiser lebte von 1459 bis 1519.
▶ Er wollte das Rittertum am Leben erhalten und veranstaltete prachtvolle Turniere.
▶ Maximilian wurde „der letzte Ritter" genannt.

**Albrecht Dürer fertigte 1519 ein Porträt von Kaiser Maximilian I. an.**

**Steckbriefe und Biografien**
- Stichwortartig zusammengefasste Daten und Fakten

He! Haha!

**Don Quichotte ist eine Romanfigur aus dem 17. Jahrhundert. Er glaubt, ein Ritter zu sein und kämpft gegen Windmühlenflügel.**

Lies mal weiter!
Seite 52, 60, 68
www.expedition.wissen.de
Rittersagen

**Lies mal weiter!**
- Link zur Homepage www.expedition. wissen.de
- Suchbegriff im weißen Feld für Eingabe auf Homepage
- Verweis auf weiterführende Seiten im Buch

**Comic**
- Lustige Bildergeschichten mit Pfiff vertiefen wichtige Informationen

# Mächtige Burgen und ihre Geschichten

Hohe Türme, dicke Mauern und dunkle Verliese bergen viele Geheimnisse. Wer hat hier gelebt? Wie wurden die Burgen verteidigt? Von vielen dieser Burgen sind heute nur noch einige verfallene Mauerreste übrig. Andere jedoch thronen als eindrucksvolle Festungen über einer Stadt. Einige Burgen wurden wieder aufgebaut und man kann sie besichtigen. Jede Burg erzählt uns ihre eigene Geschichte aus längst vergangenen Zeiten.

# Burgen im Wandel

### Knack den Code!

1. Wie werden die ersten Fliehburgen genannt?
(3. Buchstabe)

Nahen Feinde?

Schon die Römer bauten im 1. Jahrhundert nach Christus Wehranlagen. Die Wachtürme hießen Burgos. Daraus entstand die Bezeichnung Burg. Die große Zeit der Burgen begann im 9. Jahrhundert. In den folgenden 600 Jahren ließen Könige und Adlige unzählige Befestigungen erbauen. Gegen Ende des 15. Jahrhunderts war die Zeit der Burgen vorbei. Sie wurden zum Teil zu Schlössern oder Festungen umgebaut. Andere haben nur als Ruine die Zeit überstanden, und von manchen Burgen ist nichts mehr übrig.

## Hölzerne Fliehburgen

Als im 9. Jahrhundert Ungarn und Wikinger immer wieder große Gebiete im heutigen Deutschland verwüsteten, brauchten die Menschen einen sicheren Zufluchtsort. So entstanden die ersten hölzernen Fliehburgen, die man auch Motte nennt. Diese Burgen waren schnell aufgebaut. Vor Feuer boten sie allerdings keinen Schutz.

1 Hügel (Motte)
2 Wohnturm (Bergfried)
3 Rampe
4 Palisadenzaun, etwa 2,5 m hoch
5 Vorburg mit Stallungen, Werkstätten, Vorratsgebäuden und einer Kapelle
6 Torhaus mit der Brücke über den Wassergraben

Die Motte war eine hölzerne Fliehburg.

## Mächtige Steinburgen

Um Burgen sicherer und auch bequemer zu machen, begann man im 11. Jahrhundert mit dem Bau von Steinburgen. Es entstanden Burgen auf Bergen (Höhenburgen), Burgen inmitten eines Sees oder Flusses (Wasserburgen) und Burgen im flachen Land, die von einem breiten Graben umgeben waren (Niederungsburgen).

**Höhenburgen**
- ▶ Die meisten Burgen waren Höhenburgen.
- ▶ Sie standen auf steilen Felsen oder Bergen.
- ▶ Höhenburgen waren nur schwer zu erstürmen.

Marksburg

Burg Pfalzgrafenstein

**Wasserburgen**
- ▶ Sie lagen inmitten eines Sees oder Flusses.
- ▶ Angreifer hatten es schwer, ihr Belagerungsgerät an die Mauern zu schieben.

Burg Handschuhsheim

**Niederungsburgen**
- ▶ Diese Burgen gab es sehr häufig.
- ▶ Sie lagen in der Ebene, umgeben von einem tiefen Graben oder besonders dicken Mauern.

5

6

Ui, wie tief!

Lies mal weiter!
Seite 16, 26, 28

# Eine Burg entsteht

Wollte ein reicher Adliger eine Burg bauen, brauchte er als Erstes die Erlaubnis des Königs. Nicht alle, die eine Burg bauen wollten, erhielten dieses Recht. War die Erlaubnis erteilt, musste der Burgherr einen erfahrenen Baumeister finden.

## Der Baumeister

Dieser plante dann den gesamten Burgbau, organisierte und beaufsichtigte die Arbeiten auf der Baustelle. Der Burgherr musste das Geld beschaffen, damit die vielen Arbeiter und die Baumaterialien bezahlt werden konnten.

## Die Wahl des Ortes

Die richtige Lage einer Burg war sehr wichtig. Bevor mit dem Bau begonnen werden konnte, musste der Baumeister vieles klären: Sollte die Burg eine Grenze oder Handelsstraße schützen? Welche Verteidigungsanlagen waren für diese Burg wichtig? Konnte man die Burg auf einem Berg errichten? Oder musste

Mit diesem großen Tretrad, der Winde, wurden schwere Lasten angehoben.

Das Gerüst war in Rüstlöchern verankert.

Die Bauhütte war an einer Seite offen und bot den Handwerkern Schutz.

Der Schmied fertigte Türangeln und Werkzeug an.

Stein-metz

Baumeister

### Der Baumeister
▶ Er hatte alle Baupläne im Kopf.
▶ Der Baumeister war Architekt, Aufseher und Verwalter.
▶ Seine wichtigsten Werkzeuge waren Winkel und Zirkel.

### Der Steinmetz
▶ Er behaute Steine zu Quadern und Säulen.
▶ Er meißelte auch feine Figuren oder Muster.
▶ Seine wichtigsten Werkzeuge waren Hammer und Meißel.

### Der Zimmermann
▶ Er fertigte Gerüste, Deckenbalken, Tore und Möbel an.
▶ Der Zimmermann musste schwindelfrei sein.
▶ Seine wichtigsten Werkzeuge waren Säge und Axt.

### Der Maurer
▶ Er setzte die behauenen Steine aufeinander.
▶ Die Steine wurden mit Mörtel, einem Gemisch aus Kalk, Sand und Wasser, verbunden.
▶ Seine wichtigsten Werkzeuge waren Kelle und Lot.

auf dem flachen Land ein Graben ausgehoben werden? Wo war die nächste Wasserquelle für den Burgbrunnen?

## Das Ereignis Burgbau

Wenn feststand, wo die Burg errichtet werden sollte, konnte der Bau beginnen. Nun mussten Hunderte von Arbeitern angeworben werden. Für Bauern war der Bau einer Burg eine große Belastung. Sie mussten besondere Abgaben zahlen und ohne Bezahlung auf der Baustelle arbeiten. Handwerker wurden für ihre Dienste gut entlohnt. Sie wohnten während der Bauzeit auf der Baustelle. Tagelöhner verrichteten die schwersten Arbeiten. Sie bekamen jeden Abend ihren Lohn.

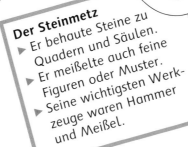

Wir stellen ein:
120 Steinmetze
200 Maurer
80 Zimmerleute
20 Schmiede
880 Tagelöhner

**Kaum zu glauben**
Manche Maurermeister „verfeinerten" den Mörtel sogar mit Buttermilch, Quark oder Wein!

Du entscheidest selbst!

Wo war der Kerker einer Burg?
➡ Seite 20/21
Was ist ein Schanzkleid?
➡ Seite 24/25

**Lies mal weiter!**
Seite 14, 16, 18
www.expedition.wissen.de
Handwerker

# Aufbau einer Burg

Gab es auch ein Kino?

Eine Burg kann man sich wie ein kleines Dorf vorstellen. Umgeben von einer dicken Schutzmauer mit Wehrgängen und Schießscharten, war sie eine kleine Welt für sich. Es gab Wohngebäude für den Burgherrn und die Bediensteten, Vorratsräume für die Lebensmittel, Ställe für das Vieh, eine Schmiede, eine Küche und manchmal auch eine Kapelle. Ursprünglich befand sich die Küche im Palas. Das offene Herdfeuer verursachte aber immer wieder Brände. Deshalb wurden die Küchen später an die innere Burgmauer gebaut. Innerhalb der Ringmauer befand sich außerdem ein Kräuter- und Gemüsegarten.

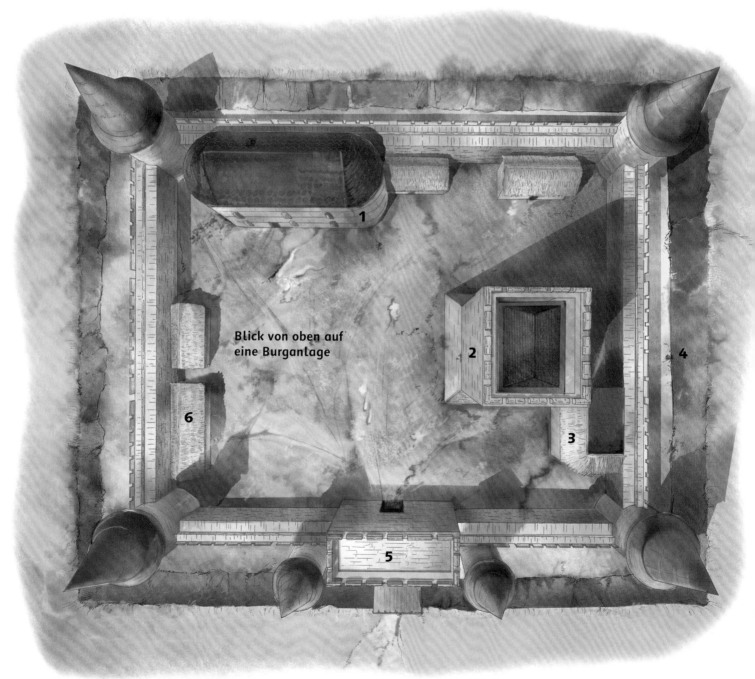

**Blick von oben auf eine Burganlage**

## Veränderungen im Burgenbau

Bald stellte man fest, dass sich runde Türme besser verteidigen lassen als eckige und mehrere Mauerringe die Burganlage besser schützen als nur einer. Man baute die Burgen um und machte sie dadurch sicherer. Neben diesen besseren Verteidigungsmöglichkeiten wollten es die Burgbewohner aber bald auch bequemer haben. Zunächst wohnte der Burgherr mit seiner Familie im kalten und dunklen Bergfried. Ab dem 12. Jahrhundert baute man den Palas, eine Art Herrenhaus. Der Bergfried wurde dann nur noch als Kerker und Zufluchtsort bei einem Angriff genutzt. Im Laufe der Jahrhunderte entstanden so eindrucksvolle Burganlagen, von denen manche nie erobert wurden.

Es gab Aborte in der Ringmauer, im Bergfried und im Palas. Der Sitz war eine Holz- oder Steinplatte mit einem runden Loch.

### Knack den Code!

2. Wie heißt das Herrenhaus einer Burg?
(5. Buchstabe)

**Kaum zu glauben**

Die Halle im Palas wurde vielseitig genutzt: Hier wurde gegessen und gefeiert und der Burgherr hielt Gericht. Nachts schliefen hier viele der Burgbewohner.

1 Der Palas, das Herrenhaus der Burg
2 Vom Bergfried aus konnte die Burg gut verteidigt werden. Außerdem befanden sich hier auch Vorratslager.
3 Küche
4 Der Burggraben wurde nur bei Gefahr mit Wasser geflutet.
5 Das Burgtor mit Zugbrücke, Fallgatter und Tor
6 In großen Burgen gab es Ställe für Pferde, Schafe, Schweine und Hühner.

Igitt!

## Der Abort

Auf Burgen nannte man das stille Örtchen Abort oder auch „heymlich Gemach". Alles, was durch die Schächte nach unten fiel, landete entweder in einer Jauchegrube oder im Burggraben. Jauchegruben mussten regelmäßig entleert werden. Länger als unbedingt nötig hielt sich im Abort wohl keiner auf. Im Winter war es sehr kalt und im Sommer stank es fürchterlich.

**Lies mal weiter!**
Seite 22, 26, 28
www.expedition.wissen.de

Burggebäude

# Die Burg von innen

Im Winter waren die Räume dunkel, zugig und kalt. Nur die wenigsten Burgherren konnten sich Glas für die Fenster leisten.

Die kleinen Fenster wurden bei Kälte mit Pergament oder Fellen abgedeckt. Dadurch war es in den Burgen sehr dunkel.

*Findest du die Schmiede?*

## Der Palas

Der prächtigste Raum der Burg war der große Rittersaal im Palas. Mit ihm wollte der Burgherr seinen Reichtum und seine Macht zur Schau stellen. Hier wurden die Mahlzeiten eingenommen, Feste gefeiert und Gäste empfangen. An die Wände wurden oft Felle oder Teppiche gehängt. Der Boden war mit Stroh und Binsen ausgelegt.

Bergfried

Palas

Zinnen

Innerer Burghof

Küche

Kapelle

Backhaus

Brunnen

Lagerhäuser und Ställe

Schmiede

## In den Gemächern

Die Wohnräume waren nur spärlich eingerichtet. Die meisten Möbelstücke standen im großen Rittersaal und in den Privatgemächern des Burgherrn. Kostbare Kleidungsstücke wurden in Truhen aufbewahrt.

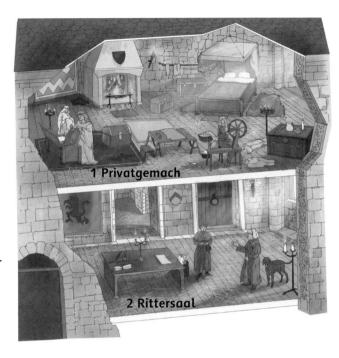

**1 Privatgemach**

**2 Rittersaal**

**Wachturm**

**Burgtor**

Über dem Rittersaal befanden sich die Privatgemächer des Burgherrn und seiner Familie.

Der Bergfried wurde als Vorratslager für Lebensmittel und Waffen genutzt.

**3 Vorratslager im Bergfried**

## Betten und Strohsäcke

Nur für die Familie des Burgherrn gab es Betten. Der Baldachin, ein Dach über dem Bett, schützte die Schlafenden vor Ungeziefer. Um die Kälte fernzuhalten, wurde ein Vorhang um das Bett gezogen. Für die Bediensteten gab es diesen Luxus nicht. Sie schliefen auf Strohsäcken.

Du entscheidest selbst!

Wie waren die Burgbewohner gekleidet?
➡ Seite 54/55
Was aßen die Ritter?
➡ Seite 48/49

**Lies mal weiter!**
Seite 32, 50, 60

# Burgbewohner

Auf einer Burg lebte nicht nur der Burgherr mit seiner Familie. Hier wohnten auch viele Bedienstete, Verwalter, Handwerker und Ritter.

## Aufgaben der Bewohner

Der Stellvertreter des Burgherrn war der Burgvogt. Er trieb die Steuern ein und sorgte für Recht und Ordnung. Die Handwerker besserten ständig die Burgmauern aus, Schmiede und Zimmerleute stellten Waffen und Arbeitsgeräte her. Die Bediensteten mussten den Haushalt und die Tiere versorgen. Viele Ritter konnten sich keine eigene Burg leisten. Sie standen im Dienst eines mächtigeren Burgherrn. Sie folgten ihm in die Schlacht oder verteidigten die Burg bei einem Angriff.

## Die Herrscher der Burg

Der Burgherr war ein Adliger. Er bestimmte, was auf seinem Besitz zu geschehen hatte. Die Bauern zahlten ihm Abgaben, dafür beschützte er sie.
Die Burgherrin kümmerte sich um den großen Haushalt und überwachte das Gesinde. Außerdem sorgte sie für eine gute Erziehung ihrer Kinder.

Ritter

Burgherr

Burgvogt

Magd

Diener

Handwerker

In manchen Burgen lebten 1000 Menschen.

**Burgherrin**

## Jeder hatte seinen Platz

Auf einer mittelgroßen Burg lebten etwa 30 bis 40 Menschen. In großen Burganlagen wohnten oft sogar bis zu 300 Personen. Könige bewohnten die größten Burgen. Sie mussten viele Besucher beherbergen, entsprechend zahlreich waren die Bediensteten. Wenn so viele Menschen unter einem Dach zusammenlebten, war es wichtig, dass jeder seine Aufgaben genau erfüllte. Deshalb gab es festgelegte Regeln für jeden.

**Berufe am Hof des Königs**

Priester und Schreiber,
Koch und Haushofmeister,
Jäger und Falkner,
Rossknecht und Zimmermann,
Schneider und Schmiede,
Soldaten und Ritter,
Herolde und Knappen

**Pferdeknechte kümmerten sich um die Pferde.**

Die Tiere liefen frei im Hof herum!

**Schweine und Hühner waren wichtige Nutztiere.**

Lies mal weiter!
Seite 46, 52, 60
www.expedition.wissen.de
Burgbewohner

# Kerker und Geheimgänge

Angstloch

Viele Kerker besaßen keine Tür. Gefangene wurden durch ein Loch in der Decke abgeseilt.

Meist befand sich der Kerker einer Burg im Keller des Bergfrieds. Die Gefangenen saßen im kalten, feuchten Verlies und bekamen häufig nur Brot und Wasser. Viele starben an Krankheiten oder an Entkräftung. Manche Gefangene hatten Glück und wurden von der eigenen Familie mit Essen versorgt.

## Geheime Gänge

Nur in wenigen Burgen gab es Geheimgänge, denn es bestand immer die Gefahr, dass der Feind den Eingang entdeckte und dadurch in die Burg gelangen konnte. Schlupfpforten gab es häufiger. Das waren kleine versteckte Türen in der Burgmauer. Bei einem Angriff konnten sie schnell zugemauert werden. Versteckte Räume mit geheimen Zugängen gab es oft. Hier wurden Schätze versteckt.

*Ob es hier zum Geheimgang geht?*

Der Geheimgang auf der Burg Hohenzollern (Baden-Württemberg) führt vom Kellergewölbe bis zu einem gut versteckten Tor in der Burgmauer.

## Ohne Wasser kein Leben

Auf einer mittelgroßen Burg wurden jeden Tag mehr als 100 Liter Wasser zum Trinken, Kochen und Waschen gebraucht. Deshalb konnte bei einer Belagerung die Wasserversorgung über Sieg oder Niederlage entscheiden. Ein tiefer Brunnen mit unbegrenzten Wasservorräten war sehr wichtig. Schneller und billiger kamen die Burgbewohner durch eine Zisterne an das kostbare Nass. Dazu wurde Regenwasser von den Dächern in ein Auffangbecken geleitet. In Zeiten ohne Regen waren diese Behälter aber schnell leer.

Ich, der Deutsche Kaiser Heinrich VI., halte den englischen König Richard Löwenherz auf meiner Burg Trifels gefangen. Gegen die Zahlung von 28 Tonnen Silber lasse ich ihn in sein Heimatland zurückkehren.

Im Jahre des Herrn 1193

**Richard Löwenherz musste im Kerker neun Monate auf die Lösegeldsumme von umgerechnet 10 Millionen Euro warten.**

### Kaum zu glauben

Auf Burg Pfalzgrafenstein gab es ein Brunnenverlies! Die Gefangenen trieben dort auf einem Floß.

Nur wenigen Gefangenen gelang die Flucht aus einem Kerker.

**Lies mal weiter!**
Seite 12, 16, 74

## Speiseplan eines Bauern

Frühstück:
Getreidebrei oder Grütze
Mittags: Brot, Käse
Abends: Brei aus
getrockneten Erbsen
und Bohnen

**Rohes Obst und Gemüse
hielt man für ungesund!
Alles wurde nur gekocht
verzehrt.**

## Dorf

▶ Es bestand meist
aus einer Kapelle,
einer Mühle und
Bauernkaten.
▶ Katen waren
kleine Hütten mit
nur einem Raum.
▶ Darin lebten Tiere
und Menschen
zusammen.

Burgen waren weithin sichtbar. Ihre starken Mauern bedeuteten Sicherheit und Schutz für die Menschen der Umgebung. Deshalb entstanden in der Nähe großer Burganlagen viele Städte und Dörfer.

### Erste Städte

Anfangs wurden die Häuser innerhalb der Burgmauern errichtet, später auch außerhalb. Daraus entwickelten sich im 11. Jahrhundert allmählich große Städte. Manche Namen, wie zum Beispiel Hamburg, Würzburg oder Magdeburg, zeigen, dass die Städte ursprünglich in der Nähe einer Burg entstanden sind.

### Das Leben der Bauern

Bauern arbeiteten von Sonnenaufgang bis Sonnenuntergang. Das Land gehörte ihnen meist nicht, sondern war Eigentum des Burgherrn. Dafür mussten ihm die Bauern einen Teil der Ernte abgeben und ein bis zwei Tage in der Woche für ihn arbeiten. Sie waren Leibeigene ihres Grundherrn und durften das Dorf nicht ohne seine Einwilligung verlassen.

Mühle des
Burgherrn

**An wichtigen Handelsstraßen und Flüssen
entstanden erst Burgen,
dann Siedlungen und
später Städte.**

## Frei nach einem Jahr

Viele Bauern flohen deshalb im 12. Jahrhundert in die Städte. Wenn sie sich länger als ein Jahr vor ihrem Lehnsherrn verstecken konnten, waren sie frei. Viele Bauern arbeiteten dann als Tagelöhner.

Du entscheidest selbst!

Gab es schon Spielzeug für Kinder? ➡ Seite 46/47
Wie sah das Symbol des Bäckers aus? ➡ Seite 66/67

### Kaum zu glauben

Im Winter schliefen die Bauern die meiste Zeit des Tages. So verbrauchten sie wenig Energie und überstanden den Winter trotz leerer Vorratsspeicher.

### Burgen
▶ Sie boten Dorf- und Stadtbewohnern Schutz.
▶ Dafür verlangte der Burgherr Geld und Teile der Ernte.
▶ Die Bewohner von Städten wurden Bürger genannt.

### Stadt
▶ Ab dem 12. Jahrhundert gab es immer mehr Städte.
▶ Die meisten Städte hatten etwa 2000 Einwohner.
▶ Köln war eine der größten Städte mit 40 000 Menschen.

### Lies mal weiter!
Seite 42, 50, 62

# Der Feind naht!

Wenn ein feindliches Heer nahte, verließen die Menschen eilig mit ihrem Vieh die Dörfer und suchten Schutz hinter den Mauern der Burg.

## Vor einem Angriff

Der Burgherr sandte Boten zu befreundeten Rittern und bat sie um Hilfe. Außerdem ließ er noch nicht geerntetes Getreide auf den Feldern verbrennen. Dadurch erschwerte er es dem Feind, sich Nahrung zu beschaffen. Wenn in der Burg genügend Lebensmittel lagerten, konnten die Bewohner nicht so schnell ausgehungert werden.

Einfache Schießscharte für die Bogenschützen

Kreuzförmige Schießscharten für die Armbrustschützen

Diese Scharte bot Armbrust- und Gewehrschützen Deckung.

**Das Burgtor wurde bei einem Angriff besonders gut bewacht.**

Fallgatter

Zwischen den zwei Fallgattern im Burgtor konnten die Angreifer gefangen werden.

**Die Zugbrücke wurde bei Gefahr hochgezogen.**

Krähenfüße

## Verteidigungsmaßnahmen

Zimmerleute bauten rasch Schanzkleider um die Zinnen der Mauern und Türme. Schanzkleider waren Verkleidungen aus Holz, die den Schützen Deckung vor den Geschossen der Angreifer boten.
Der Schmied hatte viel Arbeit mit dem Schärfen der Klingen und dem Ausbessern der Rüstungen. Nach diesen Maßnahmen zur Verteidigung war die Burg für einen Angriff bestens gerüstet. Die Verteidiger standen hinter den Schießscharten bereit, um von hier aus den Sturm auf die Burg abzuwehren.

## Mit List und Tücke

Um eine Burg erobern zu können, griffen die Feinde oft bei Nacht und Nebel an. Dann wurden die Burgbewohner im Schlaf von dem Angriff überrascht. Mitunter versuchten die Belagerer auch, die Bediensteten mit Geld zu bestechen, um in die Burg zu gelangen. Die Treue seiner Untergebenen war deshalb für den Burgherrn besonders wichtig.

## Krähenfüße und Wendeltreppen

Krähenfüße dienten dazu, einen Feind aufzuhalten. Egal wie sie fielen, einer der vier Stacheln des Krähenfußes zeigte immer nach oben und verletzte die Angreifer.
Im Burginneren hatte man Wendeltreppen gebaut, die immer rechts herum führten. Wegen der Mittelsäule der Treppe konnte der von unten kommende Angreifer nicht mit der rechten Hand ausholen und wurde leicht von einem oben stehenden Verteidiger besiegt.

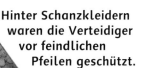

**Wendeltreppen führen immer rechts herum!**

**Hinter Schanzkleidern waren die Verteidiger vor feindlichen Pfeilen geschützt.**

Gleich krieg ich den Rechtsdrehwurm!

**Lies mal weiter!**
Seite 20, 26, 36

# Angriff und Belagerung

Mit wenigen Männern konnte eine Burg verteidigt werden. Zur Eroberung brauchten Angreifer eine große Armee und bei einer Belagerung viel Geduld.

## Angriff!

Die Zugbrücke war hochgezogen, und alle Burgbewohner waren für die Verteidigung bereit. Gab es um die Burg einen Wassergraben, begannen die Angreifer damit, ihn mit Holz oder Erde aufzufüllen. Danach konnten sie Angriffswaffen und Leitern in Stellung bringen. Heftige Kämpfe tobten an der schwächsten Stelle der Burg, dem Burgtor. Es konnte mit dem Rammbock zertrümmert werden. Nasse Tierhäute schützten vor Brandpfeilen.

**Die Balliste war eine Riesenarmbrust.**

1 Sturmleiter
2 Belagerungstürme mit heruntergelassenen Rampen
3 Rammbock
4 Mit Erde aufgefüllter Wassergraben
5 Große Holzschilde als Schutz für die Angreifer
6 Riesenschleuder

Mit Riesenschleudern wurden oft zentnerschwere Steine gegen die Mauern geschossen. Um auf der Burg Krankheiten zu verbreiten, schleuderte man manchmal auch tote Tiere oder stinkenden Mist ins Burginnere.

### Unter Belagerung

Konnten die Angreifer die Burg nicht erstürmen, dann wurde die Burg so lange belagert, bis ihre Vorräte zu Ende waren. Dann mussten die Bewohner aufgeben. Die beste Zeit für eine Belagerung war der Spätsommer. In dieser Jahreszeit konnte das Heer noch genügend Nahrung auf den Feldern finden.

Manchmal gruben Angreifer einen Stollen bis unter die Mauer. Dann zündeten sie die Stützbalken an, der Stollen stürzte ein und mit ihm ein Teil der Burgmauer.

Über eine Rampe am Belagerungsturm kamen die Angreifer in die Burg.

### Krankheiten und Langeweile

Es konnte Monate dauern, bis eine Belagerung Erfolg hatte. Diese Zeit war für die Belagerer oft schwieriger als für die Burgbewohner. Meist waren Hunderte von Soldaten notwendig, um eine Burg von der Außenwelt abzuriegeln. Durch Hunger, Krankheiten und Langeweile ließ die Aufmerksamkeit der Belagerer oft nach. Die Burgbewohner konnten diese Gelegenheit nutzen und die Feinde durch einen plötzlichen Angriff in die Flucht schlagen.

Du entscheidest selbst!

Was ist ein Lanzenstechen?
➡ Seite 38/39
Ab wann gab es Feuerwaffen? ➡ Seite 68/69

**Kaum zu glauben**

In den Burgkeller standen oft Schüsseln mit Wasser. Kräuselte sich das Wasser, war dies ein Zeichen dafür, dass gerade ein Tunnel gegraben wurde.

**Lies mal weiter!**
Seite 34, 36, 56
www.expedition.wissen.de
Belagerungswaffen

# Ruinen und Märchenburgen

**Burg Trifels**

**Burg Eltz**

**Burg Burghausen**

Lauter alte Steine!

Burgen sind eindrucksvolle Zeugen vergangener Jahrhunderte. Damals gab es etwa 25 000 Burgen in Deutschland. Viele von ihnen sind spurlos verschwunden. Einige wurden später wieder aufgebaut und sind heute zu besichtigen. Von den meisten Burgen sieht man nur noch Ruinen. Mit etwas Fantasie kann man sich aber vorstellen, wie die Burgen im Mittelalter ausgesehen haben.

**Burg Hohenurach aus dem 11. Jahrhundert thront heute als Ruine über Bad Urach.**

**Festung Ehrenbreitstein**

**Schloss Johannisburg**

„.... Ich habe die Absicht, die alte Burgruine Hohenschwangau bei der Pöllatschlucht neu aufbauen zu lassen im echten Stil der alten deutschen Ritterburgen, und muss Ihnen gestehen, dass ich mich sehr darauf freue, dort einst (...) zu hausen ..."

Diesen Brief schrieb König Ludwig II. 1868 an den Komponisten Richard Wagner. Ein Jahr später begann er mit dem Bau von Schloss Neuschwanstein.

**Schloss Neuschwanstein**

## Nachgebaute Burgen und Schlösser

Vor ungefähr 200 Jahren schwärmten viele Menschen von dem Zeitalter der Ritter und Burgen. So auch der bayerische König Ludwig II. (1845–1886). Nach seinen Plänen wurde das Märchenschloss Neuschwanstein erbaut. Auch im Ausland finden sich Nachbildungen von mittelalterlichen Burgen. In Japan wurde zum Beispiel ein genauer Nachbau der Marksburg errichtet.

## Festungen, Schlösser und Ruinen

Mit der Entwicklung der Feuerwaffen im 15. Jahrhundert boten die Burgen keinen ausreichenden Schutz mehr. Manche Burgen wurden deshalb zu Festungen mit dickeren Mauern ausgebaut, die auch Kanonenkugeln standhielten. Andere Burgherren ließen ihre Burgen in prächtige Schlösser umbauen. Einige Burgen verfielen und dienten als Steinbruch.

**Auf der japanischen Insel Miyako steht seit 1996 eine Kopie der Marksburg.**

Wie im Märchen!

Lies mal weiter!
Seite 10, 70, 74
www.expedition.wissen.de
Ruinen

# Mutige Ritter

Die Ausbildung zum Ritter dauerte oft länger als 14 Jahre.
Mit 7 Jahren begann ein adliger Junge seinen Dienst als
Page. Später wurde er Knappe und begleitete seinen
Dienstherrn auf Kriegszügen. Während seiner Ausbildung
erlernte er Reiten, Kämpfen und „höfliches Benehmen",
also Verhalten, wie man es am Hof eines hohen Herrn
zeigen musste. Mit der Schwertleite wurde er in den Ritter-
stand erhoben und diente nun seinem Lehnsherrn.
Das Leben eines Ritters drehte sich hauptsächlich um den
Kampf. Turniere und Jagdausflüge waren nicht nur ein Ver-
gnügen, sie dienten auch immer dazu, in guter körperlicher
Verfassung zu bleiben und seinen Mut zu beweisen.

# Vom Pagen zum Ritter

Der Weg vom Pagen zum Ritter war genau festgelegt. Im Alter von 7 Jahren wurden die Söhne adliger Familien an die Burg eines verwandten oder befreundeten Ritters geschickt. Hier dienten sie als Pagen. Sie lernten neben gutem Benehmen, lesen und schreiben vor allem das Reiten und Kämpfen. Mit 14 Jahren galten sie als erwachsen und wurden Knappen.

Im Alter von 7 Jahren verließ der Junge die väterliche Burg, um als Page zu dienen.

## Aufgaben der Knappen

Knappen lernten, dem Ritter beim Anlegen der Rüstung zu helfen und zogen mit ihm in die Schlacht. Außerdem waren sie für die Pflege der Pferde und Waffen zuständig. Zukünftige Ritter mussten aber nicht nur gute Kämpfer sein. Man erwartete von ihnen auch besondere Eigenschaften wie Treue, Hilfsbereitschaft und Ehrlichkeit.

Ein Knappe zog mit seinem Herrn in den Kampf.

Hölzerne Übungsschwerter waren manchmal viel schwerer als echte Waffen. Damit trainierte der Page seine Ausdauer.

## Ein Leben lang Knappe

Nicht jeder Knappe wurde mit 21 Jahren zum Ritter geschlagen. Der Burgherr musste Schwert, Helm und Schild bezahlen und die Feier ausrichten. Oft kostete ein Ritterschlag mehr als der Burgherr in einem ganzen Jahr an Einnahmen hatte. Nur wohlhabende Herren konnten es sich deshalb leisten, Männer zum Ritter zu erheben. So konnte es passieren, dass manche ihr Leben lang Knappen blieben. An der Anzahl seiner Ritter zeigte der Burgherr seinen Reichtum.

Lieber Herr Vater, liebe Frau Mutter!
Morgen ist es so weit! Morgen werde ich endlich zum Ritter geschlagen. Schon zweimal wurde meine Schwertleite verschoben, da Burgherr Arnoulf das Geld für Schwert, Rüstung und Pferd nicht aufbringen konnte. Heute Abend nehme ich noch ein reinigendes Bad und bete die ganze Nacht in der dunklen Kapelle.
Möge Gott mir beistehen und mir helfen, ein würdiger und tapferer Ritter zu werden.
Ich freue mich, euch bald alle zu sehen.
Euer stolzer, angehender Ritter
Reinhald

Jetzt bin ich ein Ritter!

## Knack den Code!
6. Wie wurde der Ritterschlag auch genannt?
(5. Buchstabe)

## Nach dem Ritterschlag

Mit dem Ritterschlag war der Knappe nun in den Ritterstand erhoben. Meist erbte nur der älteste Sohn die väterliche Burg. Ritter ohne eigene Burg und damit auch ohne Einkommen mussten einen Herrn finden, der sie aufnahm. Sie kämpften für ihn und waren ihm treu. Es gab auch Turnierritter, die keinen Dienstherrn hatten. Sie reisten von einem Turnier zum nächsten und verdienten ihren Lebensunterhalt durch Preisgelder.

**Der Ritterschlag wurde auch Schwertleite genannt. Der kniende Ritter wurde mit dem Schwert an der Schulter berührt und bekam Schwert, Schild und Helm überreicht.**

### Lies mal weiter!
Seite 24, 40, 52
www.expedition.wissen.de
Ritterausbildung

# Gut gerüstet!

**Rüstung aus dem 14. Jahrhundert**

## Kaum zu glauben

Weil die dem Gegner zugewandte Seite der Turnierrüstung aus dickerem Metall gefertigt war, liefen manche Ritter schräg.

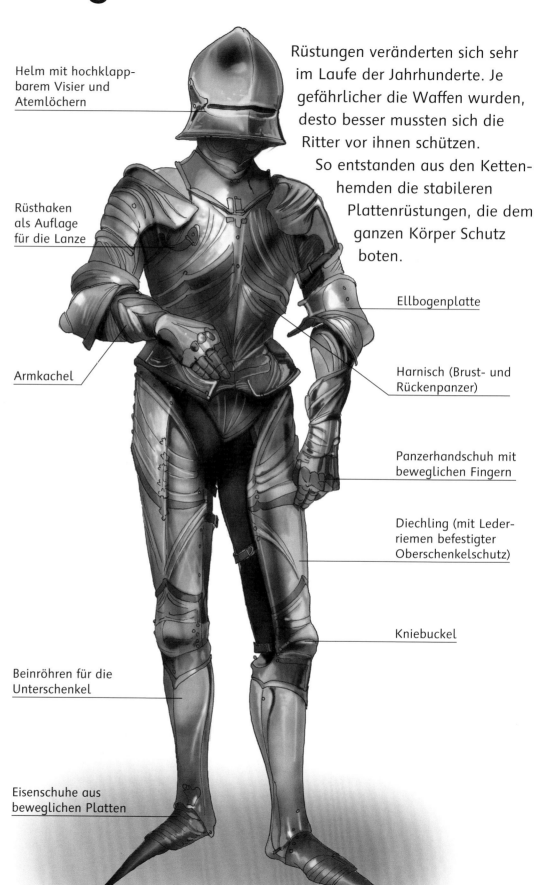

Helm mit hochklappbarem Visier und Atemlöchern

Rüsthaken als Auflage für die Lanze

Armkachel

Beinröhren für die Unterschenkel

Eisenschuhe aus beweglichen Platten

Rüstungen veränderten sich sehr im Laufe der Jahrhunderte. Je gefährlicher die Waffen wurden, desto besser mussten sich die Ritter vor ihnen schützen.

So entstanden aus den Kettenhemden die stabileren Plattenrüstungen, die dem ganzen Körper Schutz boten.

Ellbogenplatte

Harnisch (Brust- und Rückenpanzer)

Panzerhandschuh mit beweglichen Fingern

Diechling (mit Lederriemen befestigter Oberschenkelschutz)

Kniebuckel

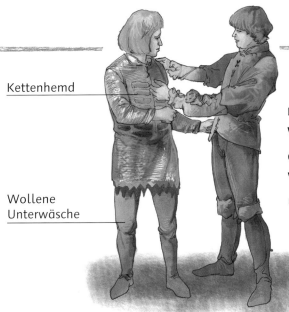

Kettenhemd

Wollene
Unterwäsche

nach Maß anfertigen. War die
Werkstatt des Plattnermeisters weit
entfernt, verschickte der Ritter
Wachsabdrücke von seinen Armen
und Beinen durch Boten.

## Männer in Eisen

Es war sicherlich nicht bequem,
Rüstungen zu tragen. Im Sommer
war es darin unerträglich heiß,
im Winter zog es durch jede Ritze.
Ritter brauchten viel Übung und
Kraft, um in diesen schweren Eisen-
panzern zu kämpfen und zu reiten.
Schild, Waffen und Rüstung wogen
etwa 25 kg.

## Rüstung nach Maß

Viele Ritter zogen in erbeuteten
Rüstungen in die Schlacht. Reiche
Adlige ließen sich ihre Rüstungen

### Teure Rüstungen

In Deutschland waren einige
Plattnermeister besonders
berühmt und erhielten Aufträge
aus ganz Europa. Manche
Rüstungen waren so aufwändig,
dass ein Plattner zwei Jahre
für die Herstellung brauchte.
Besonders prunkvolle Tur-
nierrüstungen kosteten
manchmal mehr, als ein
Bauer in seinem ganzen
Leben verdiente.

### Auf Hilfe angewiesen

Die Rüstungen wurden von
unten nach oben angezogen.
Knappen halfen den Rit-
tern beim Anlegen der
Rüstung. Die einzelnen
Teile der Rüstung
wurden mit Lederriemen
festgebunden. Der
Knappe musste genau
wissen, in welcher
Reihenfolge der
Ritter angezogen
wurde. Es konnte eine
Stunde dauern, bis der
Ritter voll gerüstet
in den Kampf ziehen
konnte.

Beinzeug

Helm

Harnisch

**Lies mal weiter!**
Seite 24, 26, 40
www.expedition.wissen.de

Rüstungen

# Die Waffen der Ritter

Lanzen waren 2,50 bis 3,50 m lang und wogen etwa 20 kg!

Der Ritter wählte seine Waffe danach aus, ob er zu Fuß oder vom Pferd aus kämpfte. Zog er in die Schlacht, waren Schwert und Lanze seine ständigen Begleiter. Beim Nahkampf kamen Streitaxt, Streitkolben und Morgenstern zum Einsatz. Armbrust, Pfeil und Bogen verwendeten die Ritter nur für die Jagd.

## Das Ritterschwert

Ohne Schwert zog kein Ritter in den Kampf. Normale Klingen waren so lang wie das Bein eines Erwachsenen. Für manche Schwerter brauchte man beide Hände, so schwer waren sie. Man nannte sie deshalb Zweihänder. Für ein gutes Schwert mussten die meisten Ritter lange sparen. Es entsprach dem Preis von 12 Kühen oder 200 Schweinen!

Das Schwert war die wichtigste Waffe eines Ritters.

Die Hellebarde war die Hieb- und Stoßwaffe des Fußvolkes.

Die Streitaxt wurde von berittenen Kämpfern im Nahkampf eingesetzt.

Der Morgenstern konnte starke Rüstungen und Helme durchschlagen.

Der Streitkolben war eine Weiterentwicklung des Knüppels.

## Waffen des Fußvolkes

Viele Fußsoldaten zogen mit den Rittern in die Schlacht. Sie kämpften mit Speeren, Hellebarden und manchmal auch mit erbeuteten Schwertern. Armbrust- und Bogen-schützen wurden besonders gut aus-gebildet. Ein guter Bogenschütze konnte ein 90 Meter entferntes Ziel sicher treffen. Die Bolzen der Armbrust konnten sogar Rüstungen durch-schlagen.

Du entscheidest selbst!

Was ist der heilige Gral? ➡ Seite 56/57
Gibt es heute noch Ritter? ➡ Seite 70/71

**Geübte Langbogen-Schützen konnten 12 Pfeile in der Minute abschießen.**

### Kaum zu glauben

Mit Knochen oder Haaren von Heiligen im Schwertgriff fühlten sich die Ritter unbesiegbar.

„Es bereitet mir große Freude, gerüstete Ritter und Pferde zu sehen, gefolgt von der Schar der Soldaten; und der Anblick belagerter Burgen erfüllt mein Herz mit Glück ..."

**Diese Zeilen schrieb der französische Dichter Bertran de Born im 12. Jahrhundert.**

**Die Armbrust wurde von den Rittern nur zur Jagd verwendet.**

Lies mal weiter!
Seite 40, 42, 48
www.expedition.wissen.de

Ritterwaffen

# Schaukämpfe und Turniere

## Knack den Code!

8. Wie nannte man das Massenturnier?
(2. Buchstabe)

Kampfspiele waren im Mittelalter sehr beliebt. Zunächst dienten sie nur als Übung für den Krieg. Später entstanden daraus große Volksfeste, die mehrere Tage andauerten. Auf Turnieren maßen sich die Ritter in Zweikämpfen mit Lanzen, im Bogenschießen, im Ringen und im Schwertkampf.

**Das Lanzenstechen war ein gefährlicher Zweikampf und der Höhepunkt eines jeden Turniers.**

## Ruhm und Geld

Der Sieger bekam das Pferd und die Waffen des Verlierers oder ein Preisgeld. Für Ritter, die kein Land besaßen, war der Verkauf von gewonnenen Waffen, Rüstungen und Pferden oft die einzige Einnahmequelle. Es gab sogar Ritter, die keinem Lehnsherrn dienten, sondern das ganze Jahr als Turnierritter von Wettkampf zu Wettkampf zogen.

**Auf der Tribüne jubelten Adlige, Gäste und Bedienstete dem siegreichen Ritter zu.**

## Buhurt und Tjost

Der Buhurt war eine Art Massenturnier. Wie in einer Schlacht standen sich zwei Heere gegenüber und kämpften mit stumpfen Waffen. Im 13. Jahrhundert wurde der Tjost beliebter. Zwei Reiter galoppierten mit Lanzen aufeinander los und versuchten sich gegenseitig vom Pferd zu stoßen. Jeder durfte dabei drei Lanzen zerbrechen. Wie bei heutigen Sportveranstaltungen jubelten die Zuschauer auch hier ihren Favoriten zu.

## Strenge Regeln

Viele Ritter wurden beim Turnier schwer verletzt. Deshalb sollten strenge Regeln die Wettkämpfe sicherer machen. So war es verboten, mit der Lanze auf das Gesicht eines Gegners zu zielen. Hatte ein Ritter sein Visier hochgeklappt, durfte ihn niemand mehr angreifen. Trotz aller Regeln gab es aber immer wieder Verletzte und Tote.

### Redewendungen

Jemanden im Visier haben:
- Früher: jemanden kampfbereit durch die Augenschlitze des Helmes ansehen
- Heute: jemanden beobachten

Etwas im Schilde führen:
- Früher: Freund oder Feind am Wappen auf dem Schild erkennen
- Heute: etwas vorhaben

Für jemanden eine Lanze brechen:
- Früher: im Kampf jemandem furchtlos zur Seite stehen
- Heute: sich für jemanden einsetzen

Viele Redewendungen, die wir heute noch verwenden, stammen aus der Zeit der Ritter. Ihre Bedeutung hat sich nur etwas geändert.

Manchmal konnten die Ritter ihre verbeulten Helme nach dem Kampf nicht mehr absetzen. Dann musste ein Schmied sie ausbeulen.

Lies mal weiter!
Seite 32, 52, 54

# Farben und Wappen

Wenn Ritter ihre Rüstungen trugen, konnte man sie nur schlecht voneinander unterscheiden. Besonders im Kampfgetümmel war es aber lebenswichtig, Freund und Feind auseinander halten zu können. Deshalb brachten die Ritter unterschiedlich farbige Zeichen auf Überrock und Schild an. Aus diesen Symbolen entstanden die Familienwappen. Das Wort Wappen ist eng verwandt mit dem Begriff Waffen.

Denn wer damals ein Wappen trug, war auch gleichzeitig ein Waffenträger.

## Wappensymbole

Wappenmotive teilte man in Heroldsbilder und Figuren ein. Heroldsbilder waren Balken, Kreuze oder Streifen. Beliebte Figuren zeigten Löwen, Rosen oder Türme. Alle diese Bilder und Figuren hatten eine eigene Bedeutung. So wurde mit dem Bild einer Biene ein fleißiger Mensch umschrieben, und ein Schwert stand für einen mutigen Krieger.

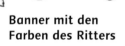

**Banner mit den Farben des Ritters**

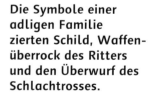

**Die Symbole einer adligen Familie zierten Schild, Waffenüberrock des Ritters und den Überwurf des Schlachtrosses.**

Die Helmzier war eine Figur auf der Spitze des Helms. Sie diente zur Unterscheidung der Ritter auf Turnieren und sollte Furcht einjagen.

**Familienwappen eines Burgherrn**

**Weiteres Familienwappen**

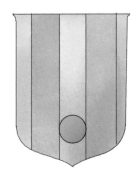

**Bei einer Heirat wurden die Wappen beider Familien zusammengefügt.**

## Wappenkenner

Während einer Schlacht überbrachten Herolde Botschaften zwischen den Kämpfenden. Sie mussten die Ritter schnell erkennen können. Deshalb wurden Herolde zu besonderen Wappenkennern. Oft erkannte man diese Boten an ihrem Heroldsstab. Herolde entwarfen auch neue Wappen für die Adligen und trugen sie in besondere Wappenbücher ein. Weil sie sich mit den Wappen so gut auskannten, kündigten sie auch immer die Ritter bei einem Turnier an. Seit dem 19. Jahrhundert gibt es eine Wissenschaft von den Wappen, sie wird Heraldik genannt. Das Wort leitet sich vom Begriff des Herolds ab.

*Das ist meine Helmzier!*

### Richtlinien für ein Wappen

• Die Farben Rot, Blau, Grün und Schwarz dürfen nur auf einer Metallfarbe stehen.

• Metallfarben sind Gold (Gelb) und Silber (Weiß).

• Nach diesen Regeln darf zum Beispiel ein roter Löwe nur auf einem gelben oder weißen Untergrund stehen, niemals aber auf einem grünen.

**Lies mal weiter!**
Seite 36, 46, 50
www.expedition.wissen.de

Heraldik

# Jagd und Falknerei

**Nur der Kaiser durfte mit einem Adler jagen.**

Das Jagen großer Tiere war dem Adel vorbehalten. Wilderer, die unerlaubt in den Wäldern des Burgherrn jagten, wurden schwer bestraft. Die Jagd war ein beliebter Zeitvertreib und ein gutes Training für den Kampf. Außerdem bereicherte das erlegte Wild den Speiseplan der Burgköche.

Das Jagen großer Tiere war eine aufregende und gefährliche Angelegenheit. In den riesigen Wäldern lebten damals noch Bären und Wölfe.

## Hetzjagd und Treibjagd

Es gab verschiedene Jagdmethoden. Bei der Hetzjagd wurden Wildschweine, Hirsche oder Bären durch Hunde aufgespürt, bis zur Erschöpfung verfolgt und dann erlegt. Bei einer Treibjagd schlugen Jagdhelfer mit Stöcken auf das Unterholz und trieben das Wild in Richtung Jäger. Für diese Jagd brauchte der Burgherr viele Treiber. Oft mussten die leibeigenen Bauern zu diesem Dienst antreten.

## Beizjagd

Eine besondere Form der Jagd war die Beizjagd. Dressierte Greifvögel jagten kleinere Tiere. Die Beute wurde anschließend von Jagdhunden zum Jäger gebracht. Es dauerte oft viele Jahre, bis ein Greifvogel gelernt hatte, nach der Jagd wieder auf den wattierten Handschuh des Falkners zurückzukehren. Auch heute noch richten Falkner Greifvögel für die Beizjagd ab.

Du entscheidest selbst!

Was ist eine Schandmaske?
➡ Seite 64/65
Wie war eine Burg aufgebaut? ➡ Seite 14/15

Das Klingeln der Glöckchen zeigt an, wo der Greifvogel ist.

Wattierter Lederhandschuh

Die Haube hält den Greifvogel ruhig.

Mit diesem Köder wird der Vogel zurück auf den Handschuh gelockt.

Das Erlegen von gefährlichen Tieren wie Bären und Wildschweine verschaffte Adligen Ansehen.

**Lies mal weiter!**
Seite 18, 22, 62
www.expedition.wissen.de

Jagd

# Leben auf der Burg

Zur Unterhaltung der Burgbewohner und ihrer Gäste wurden oft und gern rauschende Feste mit Musik, Tanz und gutem Essen gefeiert. Fahrende Sänger und Schauspieler zeigten ihre Künste und brachten die neuesten Nachrichten mit. Zu solchen Anlässen kleidete sich die Familie des Burgherrn besonders festlich. Ihre Kleider waren mit Pelz besetzt und leuchteten oft in allen Farben.

Dieses glanzvolle Leben der Ritter ist in vielen Geschichten und Sagen beschrieben worden.

# Kindheit vor 800 Jahren

Kinder von reichen Eltern spielten mit Kreisel, Steckenpferd, Lederbällen und Stoffpuppen.

Jungen spielten gern mit Rittern an Fäden.

### Zeit zum Spielen

Auf einer Burg lebten auch die Kinder des Burgherrn und der Bediensteten. Kinder wurden streng nach christlichem Glauben erzogen. In den ersten sieben Jahren mussten sie nicht schwer körperlich arbeiten. Sie übernahmen kleine Aufgaben im Haushalt oder beaufsichtigten ihre Geschwister. Den Kindern blieb genügend Zeit zum Spielen. Beliebte Spielzeuge waren Tonpuppen, Holzfiguren und Lederbälle.

### Der Ernst des Lebens beginnt

Mit sieben Jahren endete die unbeschwerte Kindheit. Für adlige Jungen begann der Pagendienst. Adlige Mädchen wurden im Lesen, Schreiben und Rechnen unterrichtet. Daneben lernten sie weben, spinnen und sticken und damenhafte Umgangsformen. Die Kinder der Bediensteten erlernten ein Handwerk oder halfen auf den Feldern mit. Sie wurden wie ihre Eltern Knechte, Mägde, Köche oder Diener.

### Kaum zu glauben

Kinder pusteten Schweinsblasen zu Luftballons auf. Im Sommer dienten sie sogar als Schwimmflügel!

Viele Menschen liefen im Winter Schlittschuh. Sie schnallten sich Knochen an die Schuhe.

## Heirat

Mit 14 Jahren galt man im Mittelalter schon als erwachsen. Dann konnte man heiraten und einen Hausstand gründen. Manchmal legten die Eltern bereits bei der Geburt eines Kindes fest, wen es später einmal heiraten sollte.

Aus Liebe wurde nur selten eine Ehe eingegangen. Viel wichtiger war es, den Besitz der Familie zu erhalten oder zu vermehren. Deshalb wurde darauf geachtet, dass ein adliger Junge auch ein adliges Mädchen heiratete.

„... soll das Kind mit geziemenden Spielen und zuträglicher Bewegung beschäftigt und einer gesunden Luft ausgesetzt werden. Geziemende Kinderspiele sind das Puppenspiel, das Herumrollen von Holzspielzeug und sich selbst im Spiegel betrachten."

Diese Zeilen schrieb der Gelehrte Konrad von Megenberg 1352 in sein „Yconomica"-Hausbuch.

Zur Zeit der Ritter und Burgen wurde auch schon Hockey gespielt.

**Lies mal weiter!**
Seite 32, 60, 62
www.expedition.wissen.de

Kinderspiele

# Rittermahlzeiten

**Fleisch wurde haltbar gemacht, indem man es in Salz einlegte, räucherte oder an der Luft trocknete.**

**Windmühlen mahlten Korn zu Mehl, Wassermühlen trieben den Blasebalg für die Schmiede an.**

Viele unserer heutigen Speisen gab es damals noch nicht. Die Ritter kannten weder Kartoffeln noch Tomaten oder Nudeln. Reiche Adlige konnten sich abwechslungsreiches Essen leisten. Sie ernährten sich von Fleisch, Gemüse und Käse. Die meisten Menschen aßen aber nur Suppe und Getreidebrei.

## Alles Brei

Zur Zeit der Ritter und Burgen galt rohes Obst und Gemüse als ungesund. Deshalb wurde alles zu Brei oder Mus zerkocht. In unserem heutigen Wort Gemüse ist noch das Wort „Mus" versteckt.

## Pfeffer und andere Gewürze

Die einheimischen Pflanzen Salbei, Minze oder Petersilie gehörten zu fast jeder Mahlzeit. Besonders begehrt waren ausländische Gewürze wie Pfeffer, Zimt und Ingwer. Da sie aus fernen Ländern kamen, waren sie sehr teuer. Ingwer galt auch als Mittel gegen die Pest. Ließ der Burgherr seinen Gästen stark gepfefferte Speisen servieren, zeigte er damit immer seinen Reichtum. Viele dieser stark gewürzten Gerichte würden uns heute nicht mehr schmecken.

# Heißer Wein und dünnes Bier

Wohlhabende Familien tranken warmen und mit Gewürzen verfeinerten Wein. Für alle anderen gab es sauren Apfelwein oder dünnes Bier. Wasser war oft verdorben oder übel schmeckend. Damals tranken sogar Kinder Bier. Es hatte kaum Alkohol und war gesünder als das Wasser.

Brot wurde meist in öffentlichen Backhäusern gebacken.

Fast alle Speisen wurden gepfeffert, sogar die Lebkuchen. Deshalb heißen sie auch heute noch Pfefferkuchen.

**Pfeffer**

**Ingwerwurzel**

**Pfefferkörner**

**Nelken**

**Zimt**

**Knoblauch**

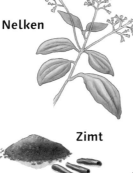

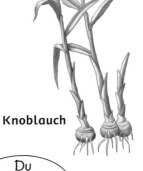

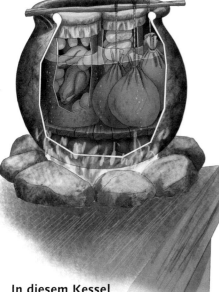

In diesem Kessel konnte man in mehreren Tongefäßen verschiedene Speisen gleichzeitig garen.

Was ist eine Beizjagd?
➡ Seite 42/43
Welche Redewendungen gibt es aus der Ritterzeit?
➡ Seite 38/39

Lies mal weiter!
Seite 54, 62, 66
www.expedition.wissen.de

Rezepte

Oft wurden im großen Rittersaal rauschende Festbankette gefeiert. Mit solchen Festen konnte der Burgherr seinen Reichtum und seine Großzügigkeit zeigen. Vor allem wollte er damit seine Gefolgsleute eng an sich binden.

## Festschmaus

Der Burgherr und seine Familie bekamen die besten Speisen und wurden auch zuerst bedient. Sie saßen an einer erhöhten Tafel und überblickten von dort die ganze Festgesellschaft. Die Gäste nahmen an langen Tischen Platz. Es gab eine strenge Sitzordnung. Je angesehener die Gäste waren, desto näher durften sie beim Burgherrn sitzen.

Auf den Tafeln standen kleine Salzfässer. Salz war damals sehr teuer. Man nannte es deshalb weißes Gold.

## „Einkaufsliste des Burgkochs"

Anno 18. Juni 1319
3 Gänge für 60 Gäste

1 gepökelte Rinderhälfte
1 Schinken
1/2 Schwein
10 kg Hammelfleisch
40 Heringe
2 gesalzene Dorsche
1 Lachs
2 Enten
6 Hühner
14 Hähnchen
150 Eier
40 Gallonen Bier (150 l)
8 Gallonen Wein (30 l)

Kosten etwa 300 Pfund
(etwa 500 €)

Bei Festen gab es immer gut und reichlich zu essen.

## Des Teufels Dreizack

Jeder brachte sein eigenes Messer und seinen eigenen Löffel mit. Gabeln lehnten die Menschen damals ab. Der Dreizack galt nämlich als Symbol des Teufels.
Die meisten Speisen wurden einfach mit den Fingern gegessen. Teller waren noch unbekannt. Man legte das Essen auf Holzbretter.

Salzfass

51

## Gebratener Pfau mit Federn

Wenn Feste gefeiert wurden, bogen
sich die Tische unter der Vielzahl der
Speisen. Der Burgherr wollte seine
Gäste mit besonderen Gerichten
beeindrucken. Manch gebratener
Pfau oder Schwan wurde deshalb
im Federschmuck serviert.

### 5 Goldene Tischregeln

- Bete und wasche die Hände vor und nach dem Essen
- Rülpse nicht und schnäuze nicht ins Tischtuch
- Iss nur mit den ersten drei Fingern der rechten Hand
- Wisch dir den Mund ab, bevor du trinkst
- Lege abgenagte Knochen nicht zurück auf die Fleischplatte

**Diese Vorschriften dienten der Sauberkeit.**

Gaukler

**Weil die Küche in einem Außengebäude untergebracht war, mussten die Diener die Speisen über den Hof tragen.**

**Lies mal weiter!**
Seite 18, 42, 66
www.expedition.wissen.de

Feste

# Musik und Unterhaltung

Die Familie des Burgherrn spielte Brettspiele wie Schach oder Mühle oder Dame. Aber auch Musik und Tanz waren sehr beliebt.

## Barden

Die fahrenden Sänger (Barden) zogen von Ort zu Ort. Da es noch keine Zeitung gab, erfuhren die Burgbewohner oft nur durch Barden, was sich außerhalb der Burgmauern ereignet hatte. Die Sänger verherrlichten in ihren Liedern die Heldentaten von Königen und Rittern.

## Musik und Tanz

Die Burgbewohner bewegten sich feierlich zur Musik. Sie freuten sich an den Späßen der Hofnarren und Gaukler.

**Die Fiedel ist der Vorläufer unserer Geige.**

**Bei der Drehleier wurden die Saiten durch das Drehen der Kurbel angestrichen.**

**Die Schalmei ist ein Blasinstrument, das laute Töne hervorbringt.**

**Die Laute wurde wie eine Gitarre gespielt.**

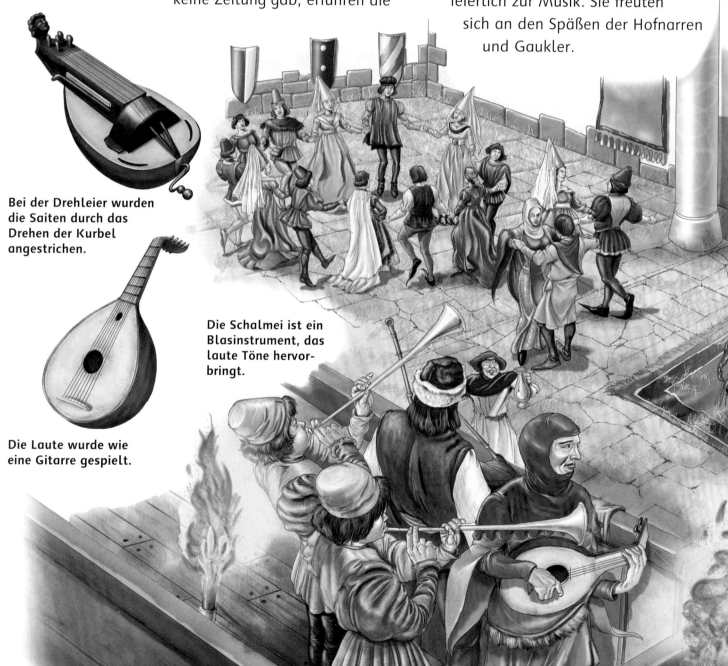

## Minnesang

Minnesang ist die Kunst, Liebesgedichte singend vorzutragen. Seit dem 11. Jahrhundert nannten sich die dichtenden Ritter Minnesänger. Sie reisten mit ihren Liedern von Burg zu Burg. Oft waren sie große Gedächtniskünstler. So bestand der Rosenroman aus 22 068 gereimten Versen!

Musiker spielen mit Fiedel und Flöte zum Tanz auf. (Meister Heinrich Frauenlob, Manessische Liederhandschrift)

Heute gibt es keine Minnesänger mehr!

Wenn das Festmahl vorbei war, räumten Diener die Tische zur Seite. Der Tanz begann.

Lies mal weiter!
Seite 56, 66, 70
www.expedition.wissen.de
Unterhaltung

# Schuhe und Kleider

Bis zum 11. Jahrhundert konnte man Männer und Frauen kaum durch ihre Kleidung unterscheiden. Auch die Mode armer und reicher Menschen war sich sehr ähnlich. Die Kleider mussten vor allem bequem sein und vor Wind und Wetter schützen. Später trug der Adel deutlich andere Kleidung als das einfache Volk.

## Auf großem Fuß leben

Wollte ein adliger Mann besonders elegant sein, dann trug er auffallende Schuhe. Damals waren Schnabelschuhe mit langen Spitzen besonders beliebt. Damit der Träger nicht ständig stolperte, band man die Spitze der Schuhe am Knie fest. Die Länge war genau vorgeschrieben. Fürsten durften Schuhe von 2½ Fuß Länge tragen. Die Schuhe von einfachen Rittern waren nur noch 1½ Fuß lang. Ein Fuß war eine Längeneinheit von 30 cm. Die Schuhe eines Fürsten konnten 75 cm lang sein, das war so lang wie ein ausgestreckter Arm!

**Der Hennin war eine kegelförmige Haube mit einem langen Schleier.**

**Verheiratete Frauen mussten ihre Haare mit einer Haube bedecken.**

**Manche Hauben waren sehr aufwändig.**

Die Menschen trugen bis zum 12. Jahrhundert weite Gewänder.

## Kleiderordnung

Bis zum 12. Jahrhundert unterschieden sich die Kleider der Armen und Reichen nur durch die Qualität der Stoffe voneinander. Im Laufe der Zeit wurden die Gewänder der Reichen immer ausgefallener. Im 13. Jahrhundert gab die Kirche dann eine Kleiderordnung heraus. Sie schrieb genau vor, welche Stoffe und Farben jeder Einzelne tragen durfte. Verschiedenfarbige Stoffe waren nicht erlaubt. Viele Adlige hielten sich aber nicht an diese Vorschriften und trugen weiterhin bunte Kleider.

Du entscheidest selbst!

Was ist eine Helmzier?
➡ Seite 40/41
Wer konnte eher lesen – adlige Frauen oder Männer?
➡ Seite 60/61

Im 14. Jahrhundert waren die Kleider enger geschnitten.

Die Kleidung der Bauern änderte sich im Laufe der Zeit kaum. Sie trugen Kittel, Strümpfe und Überwürfe aus groben Stoffen.

Lies mal weiter!
Seite 22, 48, 64

# Rittersagen

In historischen Filmen kämpfen heute noch tapfere Ritter gegen das Böse. Eigenschaften wie Mut und Ehre waren damals die Tugenden des Rittertums. In vielen Liedern und Sagen wurden solche Helden beschrieben. Die drei berühmtesten Sagen sind die von den Rittern Artus, Georg und Parzival.

**Georg und der weiße Drache**

Ein böser Drache tyrannisierte lange Zeit die Einwohner der türkischen Stadt Lydia. Der mutige Georg versprach, den Drachen zu töten, wenn alle Einwohner der Stadt den christlichen Glauben annehmen. Georg besiegte das Tier und Tausende von Menschen wurden Christen.

**Noch heute ziert ein Drache die Flagge von Wales.**

## König Artus

Über König Artus gibt es zahlreiche Geschichten. Der Sage nach konnte nur derjenige ein magisches Schwert aus einem Stein ziehen, der zum Herrscher über England bestimmt war. Viele Ritter versuchten es erfolglos. Nur der Knappe Artus zog das Schwert mühelos heraus und wurde bald darauf König von England. Später erhielt Artus von einer Zauberin das Schwert Excalibur. Es machte ihn im Kampf unbesiegbar. Und die Zauberkraft der Schwerthülle verhinderte, dass er bei einer Verwundung blutete.

**Nur Artus konnte das Schwert aus dem Stein ziehen.**

**Der heilige Gral gilt als der Kelch, aus dem Jesus beim letzten Abendmahl getrunken hat. Parzival suchte danach.**

Auf einer verwunschenen Burg sah der Ritter Parzival einen alten, kranken Mann neben einem Gral. Aus Höflichkeit fragte der Ritter den Mann nicht nach seiner Gesundheit.

Damit hätte er den alten Mann erlösen und selbst Gralshüter werden können. So aber musste Parzival am nächsten Tag die Burg wieder verlassen.

**Der Heilige Georg war einer der Schutzheiligen der Ritter. Er ist oft beim Kampf mit einem Drachen abgebildet.**

### Kaum zu glauben

Die Gralslegende lebt weiter. Auch heute noch suchen Menschen nach diesem Kelch!

**Lies mal weiter!**
Seite 52, 60, 68
www.expedition.wissen.de

Rittersagen

# Mittelalterliches Leben

Der Zeitabschnitt des Mittelalters liegt zwischen dem Ende der Antike im 5. Jahrhundert und dem Beginn der Neuzeit im 15. Jahrhundert. Es war eine Zeit vieler Kriege, Seuchen und Hungersnöte, aber auch vieler Neuerungen. Neben den eindrucksvollen Burgen entstanden mächtige Städte. Viele Dinge, mit denen wir heute ganz selbstverständlich umgehen, haben ihren Ursprung im Mittelalter. Dass wir so viel über diese Epoche wissen, verdanken wir der Arbeit der Mönche in den Schreibstuben der Klöster. Ihre Handschriften erzählen uns, wie die Menschen damals gelebt haben.

# Lesen und Schreiben

**Kaum zu glauben**

Für jede Doppelseite eines Buches benötigte man die Haut eines Schafes!

**Das Skriptorium war die Schreibstube eines Klosters.**

Nur sehr wenige Menschen konnten im Mittelalter lesen und schreiben. Ritter übten sich eher in der Waffenkunst als in der Schreibkunst. Adlige Frauen konnten deshalb viel häufiger lesen und schreiben als ihre Männer. Reiche Burgherren beschäftigten Schreiber, die für sie Briefe verfassten oder ihnen abends am Kamin vorlasen.

## Aus Tierhäuten werden Bücher

Bis zum 14. Jahrhundert schrieben Menschen auf Pergament. Das war eine dünne Schicht aus Schaf- oder Ziegenhaut. Die Herstellung des Pergaments dauerte lange und war sehr teuer.

Am Ende des Mittelalters entdeckte man die Vorteile des Papiers. Papier besteht aus rein pflanzlichen Stoffen und konnte viel schneller und billiger hergestellt werden als Pergament.

Oft ließen sich
Adlige aus einer
Handschrift vorlesen.

Wo ist
mein Tinten-
löscher?

## Die Hand-
## schriften

Vieles, war wir heute
über das Leben im Mittelalter
wissen, wurde in den Schreibstuben
der Klöster niedergeschrieben. Bevor
Johannes Gutenberg um 1450 den
Buchdruck erfand, gab es nur hand-
geschriebene Bücher. Deshalb werden sie auch Handschriften genannt.
Jedes Buch war einmalig.

## Wertvolle Bücher

Nur wenige Menschen konnten
solch ein Werk in Auftrag geben.
Es dauerte häufig viele Jahre, bis
ein Buch fertig geschrieben war.
Viele Bücher hatten Einbände, die
mit Gold und Edelsteinen besetzt
waren. Die meisten Bücher erzählten
Inhalte aus der Bibel oder berich-
teten von Heldentaten berühmter
Ritter.

Die Buchseiten waren farbenfroh
und reich verziert. Manchmal
verwendeten die Schreiber sogar
Tinte mit Goldstaub.

Lies mal weiter!
Seite 18, 50, 64
www.expedition.wissen.de
Schrift

# Medizin und Gesundheit

## Knack den Code!

11. Was steckte in den Schnabelmasken der Pestärzte?
(2. Buchstabe)

Viele Krankheiten konnte man damals noch nicht bekämpfen. Die Ursachen suchten die Ärzte im Einfluss der Sterne. Besonders Seuchen wie Lepra, Pocken und Pest waren häufige und sehr ansteckende Krankheiten, an denen Arme und Reiche gleichermaßen litten. Viele Krankheiten konnten nicht durch Salben und Kräutersäfte geheilt werden.

Aber manche Medizin war so gut, dass sie auch in heutigen Medikamenten enthalten ist.

## Die Pest

Die Pest war eine schreckliche Seuche. Im 14. Jahrhundert starb fast jeder dritte Mensch an dieser Krankheit. Ganze Landstriche wurden entvölkert. Man glaubte,

diese schlimme Erkrankung sei eine Strafe Gottes für die Sünden der Menschen. Deshalb wurde die Pest auch „Geißel Gottes" genannt. Lange Zeit glaubten die Menschen, die Erreger würden durch den Atem übertragen. Heute wissen wir, dass sich die Pest durch den Biss von Rattenflöhen verbreitet hat.

## Alltägliche Leiden

Die Menschen wussten noch nicht, dass es wichtig war, sich regelmäßig zu waschen. Durch mangelnde Hygiene und schlechte Ernährung waren sie deshalb für viele Krankheiten anfällig. Wanzenbisse und Flohstiche gehörten damals zum Alltag. Sie übertrugen Krankheiten. Die wenigsten Menschen wurden so alt wie heute. Fast die Hälfte aller Kinder starb vor dem fünften Geburtstag.

Meist stieg die Familie des Burgherrn einmal in der Woche in den Badezuber. (Herr Jakob von Warte, Manessische Liederhandschrift)

Manche Krankheiten erkannten die Ärzte an der Farbe des Urins.

Pestärzte trugen Masken, die mit Kräutern gefüllt waren.

Wie das duftet!

„Die Kräuter sind die Freunde der Ärzte und der Stolz der Küche."

Mit diesen Worten beschrieb Kaiser Karl der Große die besondere Bedeutung der Kräuter.

Nur die Reichen konnten sich Ärzte leisten. Die einfachen Leute suchten Rat bei heilkundigen Frauen.

Beim Aderlass wurde Blut abgezapft. Die krank machenden Stoffe sollten aus dem Körper fließen.

Lies mal weiter!
Seite 14, 48, 66

# Recht und Gesetz

**Der Sachsenspiegel entstand um 1230 und war das wichtigste Rechtsbuch des Mittelalters.**

Die Menschen jener Zeit unterschieden zwischen kleinen und großen Straftaten. Kleinere Vergehen waren zum Beispiel ein lauter Streit auf der Straße oder zu klein gebackene Brote des Bäckers. Diese Menschen wurden vom Lehnsherrn bestraft. Diebe oder Mörder wurden vom königlichen Gericht verurteilt. Da der König aber oft auf Reisen war, übertrug er diese Aufgabe den Burgherren.

Bei der Verurteilung war das Ansehen des Angeklagten wichtig. So wurde ein Adliger weniger hart bestraft als ein Handwerker.

## Die Bestrafung

Viele Urteile waren sehr grausam. Dieben schlug man eine Hand ab und Verräter büßten ihre Zunge ein. Die meisten Vergehen wurden aber mit einer Geldbuße bestraft.

## Ehrenstrafen

Mit einer Ehrenstrafe wurden kleine Vergehen bestraft. Durch das Tragen einer Schandmaske oder Schandflöte war der Bestrafte dem Hohn und Spott seiner Mitmenschen ausgesetzt. Manchmal verlor der Unglückliche danach seinen ganzen Besitz und musste als Bettler umherziehen.

Hatte ein Musiker schlecht gespielt, wurden seine Finger in die Schandflöte geklemmt.

Du entscheidest selbst!

Mit welchen Spielen vertrieben sich die Ritter die Zeit? ➡ Seite 52/53
Welche Burgen kann man besichtigen? ➡ Seite 74

Der Burgherr war gleichzeitig auch Richter. Damit festigte er nicht nur seine Macht, mit den Bußgeldern füllte er auch seine Kasse auf.

Wer oft über seine Mitmenschen schlecht sprach, musste zur Strafe eine Zeitlang eine Maske mit Schellen (Schandmaske) tragen.

Die Schellen machen ja richtig Krach!

Gerichtsverhandlung im Rittersaal

Lies mal weiter!
Seite 16, 20, 42

# Handel im Wandel

## Knack den Code!

12. Wie nannten die Kaufleute ihre Vereinigung?
(1. Buchstabe)

Ein Markttag im Innenhof einer Burg war für die Menschen aus nah und fern ein Ereignis. Je nach Größe der Burg kamen Bauern und Händler ein- oder zweimal in der Woche zusammen, um ihre Waren anzubieten. Beim bunten Markttreiben wurden außer Waren auch Neuigkeiten ausgetauscht. Die Waren wurden mit großen Schiffen antransportiert und auf Wagen umgeladen.

## Schlammlöcher und dunkle Gestalten

Ganz Europa war von Handelsstraßen durchzogen. Im Frühjahr und Herbst verwandelten sie sich regelmäßig in Schlammlöcher. Menschen, Tiere und Wagen blieben stecken und waren leichte Beute für Wege-

lagerer. Der Burgherr musste für sichere Wege sorgen und Räuber verfolgen. Dafür verlangte er Wegezoll von den Reisenden. Dennoch wurden immer wieder Kaufleute überfallen. Händler suchten deshalb bei Anbruch der Dunkelheit Schutz in einer Herberge.

**3**

## Zünfte und Gilden

In vielen Städten schlossen sich die Handwerker zu Zünften und die Kaufleute zu Gilden zusammen. So konnten sie die Preise und die Qualität der Waren überprüfen. Schon damals waren die Zünfte der Handwerker in Lehrlinge, Gesellen und Meister eingeteilt. Noch heute zeigen manche Straßennamen, wie zum Beispiel die Schustergasse oder die Gerberstraße, welche Berufe hier vor langer Zeit ausgeübt wurden. Da die wenigsten Menschen damals lesen konnten, hingen über jedem Laden Schilder mit deutlichen Symbolen.

*Das ist mein Schild!*

1 Es gab damals viel weniger Brücken als heute. War keine Brücke in der Nähe, wurde mit einem Boot übergesetzt.

2 Der Burgherr verlangte Geld für die Benutzung von Wegen und Brücken. (Zoll)

3 Auf Flüssen kam man sicherer und bequemer voran als auf dem Landweg.

**Die Symbole über Werkstätten und Läden verstand jeder:**

**Die Tür unter dem Brezelschild führte zum Bäcker.**

**Eine Schneiderwerkstatt erkannte man an der Schere.**

**Der Stiefel wies den Weg zur Schusterwerkstatt.**

**Lies mal weiter!**
Seite 12, 22, 50
www.expedition.wissen.de

Geld

# Ende der Ritterzeit

**Die Kanonen auf der Festung Königstein (Sachsen) waren wirkungsvolle Verteidigungswaffen**

**1589 wird mit dem Ausbau der Burg Königstein zur Festung begonnen.**

Im 15. Jahrhundert ging nach 700 Jahren die Zeit der Ritter zu Ende. Warum verloren die Ritter an Bedeutung? Für ihren Untergang waren vor allem zwei Dinge verantwortlich.

## Kanonen gegen Lanzen

Die Ritter waren durch ihre Kraft und Ausdauer im Kampf berühmt. Sie stritten mit Schwert und Streitaxt Auge in Auge mit ihrem Gegner. Als im 14. Jahrhundert aber immer mehr Feuerwaffen eingesetzt wurden, boten die Rüstungen den Rittern keinen ausreichenden Schutz vor den Gewehrkugeln mehr.

## Schrumpfende Einkünfte

Im 14. Jahrhundert herrschten landesweit verheerende Seuchen, an denen unzählige Menschen starben. Viele Felder konnten nicht mehr bestellt werden, sodass Hungersnöte ausbrachen. Betroffen waren auch die Burgherren: keine Ernte – keine Einkünfte. So wurden die Ritter zunehmend ärmer und machtloser.

## Offizier oder Raubritter

Als die Ritterzeit zu Ende ging, suchten sich manche Ritter ein Amt an einem Fürstenhof. Andere wurden Offiziere in einem Söldnerheer. Söldnerheere bestanden aus bezahlten Soldaten, die jeder anwerben konnte, wenn er das Geld dafür hatte.

Manche Ritter trieben aber auch als Raubritter ihr Unwesen. Sie überfielen Kaufleute und plünderten sie aus. In einigen Gegenden gab es so viele Raubritter, dass die Landesherren ihre Söldnerheere losschickten, um den Raubrittern Einhalt zu gebieten. Viele Burgen der Raubritter wurden zerstört und sind heute nur noch Ruinen.

„... Kein Dorf können wir unbewaffnet besuchen, auf Jagd und Fischfang nur in Eisen gehen. Die Burg selbst ist nicht als angenehmer Aufenthalt, sondern als Festung gebaut. Sie ist von Mauern und Gräben umgeben, innen ist sie eng. Daneben liegen dunkle Kammern, vollgepfropft mit Geschützen, Pech, Schwefel ... Überall stinkt es nach Schießpulver; und dann die Hunde und ihr Dreck, auch das – ich muss schon sagen – ein lieblicher Duft. Reiter kommen und gehen, darunter Räuber, Diebe und Wegelagerer."

**In diesem Brief beklagte sich der Gelehrte Ulrich von Hutten 1516 über die neue Zeit.**

Du entscheidest selbst!

Kann man Schwäne essen?
➡ Seite 50/51
Was versteht man unter einer Motte?
➡ Seite 10/11

**Kaiser Maximilian I.**
- ► Der deutsche Kaiser lebte von 1459 bis 1519.
- ► Er wollte das Rittertum am Leben erhalten und veranstaltete prachtvolle Turniere.
- ► Maximilian wurde „der letzte Ritter" genannt.

**Albrecht Dürer fertigte 1519 ein Porträt von Kaiser Maximilian I. an.**

He! Haha!

**Don Quichotte ist eine Romanfigur aus dem 17. Jahrhundert. Er glaubt, ein Ritter zu sein und kämpft gegen Windmühlenflügel.**

**Lies mal weiter!**
Seite 28, 40, 74

# Rittertum heute

Bis auf den heutigen Tag hat das Rittertum nichts von seiner Faszination verloren. Ritter sind nach wie vor unsere strahlenden Helden in vielen Büchern, Filmen und Computerspielen.

## Heutige Ritter und Orden

Aber auch in unserer modernen Zeit gibt es noch Ritter. Jedes Jahr werden verdienstvolle Männer von der englischen Königin Elisabeth II. zum Ritter geschlagen. Mit dieser Ehre wurde schon der Musiker Paul McCartney ausgezeichnet. Sogar Ritterorden haben die Zeit überdauert. Malteser und Johanniterorden kümmern sich immer noch um kranke und verletzte Menschen.

**Ritterturnier in Kaltenberg**

## Nachtwächter

Damals warnten sie die Bürger vor Feuer und sagten die vollen Stunden an. Heute gibt es in vielen Städten Führungen mit einem Nachtwächter.

## Turniere, Feste und Märkte

Jedes Jahr im Sommer besuchen Tausende von Menschen historische Ritterturniere, Mittelalterfeste und -märkte im ganzen Land. Diese Feste haben wenig mit dem wirklichen Leben im Mittelalter zu tun. Nicht alle Ritter waren edel, mutig und treu, und nicht immer wurden fröhliche Feste gefeiert. Das Zeitalter war auch gekennzeichnet durch viele Kriege, Hungersnöte und Seuchen.

Manche Gasthäuser bieten als Besonderheit Ritteressen an.

**Mittelalterliche Musik**

Mmh, lecker!

**Lies mal weiter!**
Seite 38, 50, 52
www.expedition.wissen.de

Ritter heute

Trage das richtige Lösungswort der
Fragen von 1 bis 13 in die Kästchen
auf der Schatzkarte ein.

Trage hier das richtige Lösungswort ein!
Die Zahlen unter den Kästchen zeigen an, von welcher
Frage der Buchstabe stammt.

| | | | | | | | | | | | | |
|---|---|---|---|---|---|---|---|---|---|---|---|---|
| 1 | 8 | 11 | 5 | 4 | 6 | 13 | 2 | 9 | 10 | 12 | 7 | 3 |

▶ Gewinnspiel
siehe Seite 80

5

4

12

10

7

3

ZIEL

## Burgen in Deutschland

1 Marksburg (Braubach, Rheinland-Pfalz)
2 Burg Eltz (Fluss Eltz, Rheinland-Pfalz)
3 Burg Cochem (Cochem, Rheinland-Pfalz)
4 Wartburg (Eisenach, Thüringen)
5 Burg Pfalzgrafenstein (Felsinsel im Mittelrhein, Rheinland-Pfalz)
6 Burg Burghausen (Burghausen, Bayern)
7 Burg Hohenstaufen (Hohenstaufen, Baden-Württemberg)
8 Kaiserburg Nürnberg (Nürnberg, Bayern)
9 Burg Trifels (Annweiler, Rheinland-Pfalz)
10 Burg Hornberg (Neckarzimmern, Baden-Württemberg)
11 Burg Falkenstein (Falkenstein, Sachsen-Anhalt)
12 Burg Stolpen (Stolpen, Sachsen)
13 Festung Königstein (Königstein, Sachsen)
14 Burg Kriebstein (Waldheim, Sachsen)
15 Burg Satzvey (Kreis Euskirchen, Nordrhein-Westfalen)
16 Burg Altensteig (Altensteig, Baden-Württemberg)
17 Burg Hohenurach (Bad Urach, Baden-Württemberg)
18 Burg Hohenzollern (Hechingen, Baden-Württemberg)
19 Burg Handschuhsheim (Heidelberg, Baden-Württemberg)
20 Festung Ehrenbreitstein (Koblenz, Rheinland-Pfalz)
21 Schloss Johannisburg (Aschaffenburg, Bayern)
22 Schloss Neuschwanstein (Hohenschwangau, Bayern)

## Burgen in Österreich

23 Burg Hochosterwitz (St. Georgen am Längsee; Kärnten)
24 Burg Kreuzenstein (Fluss: Donau; Niederösterreich)
25 Festung Hohenwerfen (Salzburg)
26 Burg Mauterndorf (Mauterndorf im Lungau, Salzburg)
27 Burg Forchtenstein (Gemeinde Forchtenstein, Wulkatal, Burgenland)
28 Burg Kufstein (Kufstein, Tirol)
29 Festung Hohensalzburg (Stadt Salzburg)
30 Rappottenstein (Gemeinde Rappottenstein, Niederösterreich)

## Burgen in der Schweiz

31 Burg Chillon (Genfer See, Waadt/Vaud)
32 Burg Wildenstein (Gemeinde Veltheim, Aargau)
33 Burg Zwingen (Zwingen, Basel)
34 Burg Hohenklingen (Stein am Rhein, Schaffhausen)
35 Burg Hagenwil (Gemeinde Amriswil, Thurgau)

# Internetadressen

### Suchmaschinen
http://www.milkmoon.de/
http://www.blinde-kuh.de/
http://www.trampeltier.de/
http://www.helles-koepfchen.de/

### Wissen zu Mittelalter, Ritter und Burgen
http://mitglied.lycos.de/ritterburgen/
http://www.blinde-kuh.de/ritter/
http://www.lehnswesen.de/page/html_burg.html
http://www.mediaevistik.de/burg.htm
http://www.das-mittelalter.de/burgen_frameset.htm
http://www.mediaevistik.de/ruestungen.htm
http://www.rittertum.de/home/wbuch/windex.html
http://www.blinde-kuh.de/ritter/geschichte.html
http://www.blinde-kuh.de/ritter/links.html

### Museen im Internet
### Verzeichnis sämtlicher Museen in Deutschland
http://www.deutsche-museen.de
http://www.kriminalmuseum.rothenburg.de/
　index.html

### Burgen im Internet
### Verzeichnis sämtlicher Burgen in Deutschland
http://www.burgenwelt.de/
http://www.burgen-und-schloesser.net/

### Einzelne Webseiten von Burgen in Deutschland
http://www.marksburg.de
http://www.burg-eltz.de/
http://www.burg-cochem.de/
http://www.wartburg-eisenach.de/
http://www.burgenwelt.de/pfalz/pfalz.htm
http://www.burgenwelt.de/burghausen/
　burghausen.htm
http://www.historisches-wuerttemberg.de/burgen/
　staufen/staufen.htm
http://www.burgenwelt.de/nuern/binu.htm
http://www.trifelsland.de/
http://www.burg-hornberg.de/
http://www.burgen-und-schloesser.net/267/home.htm
http://www.oberelbe.de/burg_stolpen/
http://www.festung-koenigstein.de/
http://www.burg-kriebstein.de/
http://www.burgsatzvey.de/
http://www.burgenwelt.de/hohenurach/hohurach.htm
http://www.preussen.de/de/heute/
　burg_hohenzollern.html
http://www.burgenwelt.de/handschuhsheim/index.htm
http://www.neuschwanstein.com/

### Verzeichnis sämtlicher Burgen in Österreich
http://www.3d-worlds.de/burgenwelt/oesterreich.htm
http://www.castles.at.tt/

### Einzelne Webseiten von Burgen in Österreich
http://www.burg-hochosterwitz.or.at/
http://www.kreuzenstein.com/
http://www.burgenkunde.at/niederoesterreich/
　kreuzenstein/kreuzenstein.htm
http://www.salzburg-burgen.at/de/werfen/
http://www.salzburg-burgen.at/de/mauterndorf/
http://www.forchtenstein.at/
http://www.3d-worlds.de/burgenwelt/kufstein/
　kufstein.htm
http://www.hohensalzburg.com/
http://www.burg-rappottenstein.at/

### Verzeichnis sämtlicher Burgen in der Schweiz
http://www.burgen.ch/
http://www.3d-worlds.de/burgenwelt/schweiz.htm

### Einzelne Webseiten von Burgen in der Schweiz
http://www.dickemauern.de/chillon/geke.htm
http://www.3d-worlds.de/burgenwelt/zwingen/index.htm
http://www.dickemauern.de/zwingen/geke.htm
http://www.3d-worlds.de/burgenwelt/hohenkli/geke.htm
http://www.dickemauern.de/hagenwil/geke.htm
http://www.dickemauern.de/hagenwil/hagenwil.htm

### Burgenstraße
http://www.burgenstrasse.de/

### Ritterspiele (Auswahl)
Kaltenberger Ritterturnier (Bayern):
　http://www.ritterturnier.de/
Maximilian Ritterspiele Horb (Baden-Württemberg):
　http://www.ritterspiele.com/
Ritterspiele Burg Satzvey (Nordrhein-Westfalen):
　http://www.burgsatzvey.de/

Viel Spaß im Internet!

**Adel** Bezeichnung für die vornehmen Stände, unterteilt in hoher und niederer Adel. Im Mittelalter zählten zum hohen Adel der König und die geistlichen Fürsten (Erzbischöfe, Bischöfe und Äbte) und die weltlichen Fürsten (Herzöge, Markgrafen und einige Grafen). Zum niederen Adel gehörten Grafen und Ritter.

**Antike** Altertum. Die Zeit der Griechen und Römer (um 3000 vor Christus bis zum Beginn des Mittelalters 4. bis 6. Jahrhundert)

**Armbrust** Schusswaffe für Bolzen und Pfeile, seit dem 12. Jahrhundert gebräuchlich. Mit einer gespannten Sehne konnte man Pfeile oder Steinkugeln abschießen. Im 17. Jahrhundert wurde die Armbrust von der Handfeuerwaffe abgelöst. Heute auch Sportgerät im Schießsport.

**Artus** Sagenhafter König der keltischen Briten. Die Artussage wurde mit dem mittelalterlichen Sagenkreis um die Suche nach dem Heiligen Gral verbunden. In zahlreichen Erzählungen des Mittelalters wird von Artus und den 12 Rittern seiner Tafelrunde berichtet, u.a. von Erec, Lancelot, Iwein, Parzival und Tristan.

**Banner** Heerfahne in den Farben eines Ritters. Dahinter versammelten sich seine Krieger bei einer Schlacht.

**Bergfried** Höchster Turm einer Burg, im Zentrum der Burganlage gelegen. Oft als Wohnturm oder Vorratslager benutzt. Während eines Angriffs oder einer Belagerung war der Bergfried oft der sicherste Ort innerhalb der Burg und galt als letzte Zuflucht.

**Brückenzoll** Gebühr für die Erlaubnis, eine Brücke zu überqueren.

**Burgos** Wehranlagen der Römer ab dem 1. Jahrhundert nach Christus

**Cervantes, Miguel de** Spanischer Dichter, der von 1567 bis 1616 lebte und den berühmten Roman über Don Quichotte verfasste.

**Drehleier** Musikinstrument aus dem Mittelalter. Die Saiten wurden durch ein Rad, das mit einer Kurbel gedreht wird, zum Klingen gebracht.

**Fachwerk** Bauweise, bei der zunächst eine Art Skelett aus Holzbalken hergestellt wird. Die Zwischenräume werden mit Mauerwerk oder Flechtwerk und Lehm ausgefüllt.

**Fladenbrot** Flaches Brot, das ohne Hefe gebacken wird.

**Flaschenzug** Vorrichtung zum Heben schwerer Lasten bei geringerem Kraftaufwand, aber langerem Weg des Zugseils. Das Zugseil wird über eine feste und eine lose Rolle geführt. Dafür braucht man doppelt so viel Seil, aber nur die Hälfte an Kraft für das Anheben einer schweren Last.

**Frondienst** Dienste, die im Mittelalter die Bauern ihren Grund- oder Gutsherren zu leisten hatten (Arbeit auf den Feldern und dem Hof der Gutsherren).

**Fürst** Hoher geistlicher oder weltlicher Adliger

**Gaukler** Künstler, der im Mittelalter von Burg zu Burg oder von Stadt zu Stadt zog, um sein Publikum mit Kunststücken zu unterhalten.

**Gilde** Zusammenschluss von Kaufleuten

**Harnisch** Bezeichnung für den Brustpanzer eines Ritters, manchmal auch für die gesamte Ritterrüstung.

**Helmzier** Figur auf der Spitze des Helms, die der Unterscheidung der Ritter auf Turnieren galt.

**Heraldik** Wappenkunde

**Herold** Im Mittelalter ein fürstlicher Bote, der die Mitteilungen seines Herrn laut verkündete. Herolde gaben auf Turnieren auch das Zeichen für den Beginn oder das Ende der Kämpfe. Weil sie so gute Wappenkenner waren, kündigten sie die Ritter bei einem Turnier auch an.

**Herzog** Nach dem König die höchsten weltlichen Fürsten des Reiches.

**Höhenburg** Burganlage, die auf einem Berg gelegen ist (z. B. Marksburg in Rheinland-Pfalz).

**Ingwer** Gewürzwurzel, scharf schmeckend und aus dem Orient stammend.

**Kaiser** Der höchste weltliche Herrschertitel, um Christi Geburt unter Augustus im Römischen Reich entstanden.

**Kardamon** Von Kaufleuten aus dem Orient mitgebrachtes Gewürz.

**Karl der Große** Er lebte von 747 bis 814 und gilt als der größte europäische Herrscher des frühen Mittelalters, Kaiser ab dem Jahr 800.

**Katapult** Maschine, mit der steinerne Geschosse geschleudert werden konnten.

**Kernburg** Innere Burganlage, die durch eine Mauer geschützt war, und in deren Mitte sich der Bergfried befand.

**Knappe** Junger Mann zwischen 14 und 20 Jahren, der zum Ritter ausgebildet wurde.

**König** Im Mittelalter war es der Titel der Herrscher, z. B. von Frankreich, Ungarn, England oder Deutschland. Dem deutschen König stand auch der Kaisertitel zu.

**Laute** Musikinstrument. Die Saiten werden mit den Fingern gezupft.

**Lehen** Im Mittelalter ein Land, Recht oder Amt, das der Lehnsherr dem Lehnsmann (Vasall) verlieh. Dafür musste er Kriegs- und Hofdienst leisten. Mit der Zeit wurden die Lehen immer häufiger vererbt.

**Manessische Liederhandschrift** Sammlung von dichterischen Werken in mittelhochdeutscher Sprache. Sie entstand um 1300 in Zürich und wird heute in der Universitätsbibliothek Heidelberg aufbewahrt.

**Minne** Mittelalterlicher Begriff für Liebe und Zuneigung, für die Beziehung zwischen einem Ritter und der von ihm verehrten Dame.

**Minnesang** Mittelalterliche Dichtung und Musik. Ein Minnesänger zog von Burg zu Burg und unterhielt sein Publikum mit Liedern und Gedichten. Sie erzählten darin von der Liebe oder von Heldentaten.

**Mittelalter** Zeit zwischen der Antike und der Neuzeit: vom 5. Jahrhundert bis in die Mitte des 15. Jahrhunderts. Als hohes Mittelalter bezeichnet man den Zeitraum vom 11. bis zum 13. Jahrhundert. Dies war die Blütezeit des Rittertums.

**Motte** Hölzerne Fliehburgen, die im 9. Jahrhundert gebaut wurden.

**Niederungsburg** Burganlage im flachen Land, von einem tiefen Graben umgeben und damit vor Feinden geschützt (z.B. Burg Handschuhsheim bei Heidelberg)

**Page** Junge in der ersten Phase der Ausbildung zum Ritter, zwischen 7 und 14 Jahren alt

**Palas** Herrenhaus der Burg. Hier befanden sich die Privatgemächer des Burgherrn und der Rittersaal.

**Parzival** Ritter aus der Tafelrunde um König Artus

**Pergament** Glatte und dünne Tierhaut. Sie wurde im Mittelalter als Schreibmaterial und wegen ihrer Lichtdurchlässigkeit als Fensterscheibe verwendet.

**Plattnermeister** Handwerker, der die Rüstungen der Ritter fertigte.

**Rammbock** Damit konnte bei einem Angriff das Burgtor zertrümmert werden. Nasse Tierhäute schützten die Angreifer vor Brandpfeilen.

**Richard Löwenherz** Der englische König lebte von 1157 bis 1199 und geriet nach Rückkehr vom dritten Kreuzzug in die Gefangenschaft des deutschen Kaisers Heinrich VI. Erst nach Zahlung einer sehr hohen Lösegeldsumme durfte Richard Löwenherz nach England zurückkehren.

**Ritter** Im frühen Mittelalter waren Ritter schwer bewaffnete Reiter im Dienste des Königs oder eines Adligen. Im hohen Mittelalter bildeten die Ritter einen eigenen Stand innerhalb des Adels, in den man durch die Schwertleite aufgenommen werden konnte.

**Ritterorden** Sie wurden im Mittelalter gegründet, u.a. zur Krankenpflege und zum Kampf für den christlichen Glauben, z.B. Johanniter- und Malteserorden.

**Schanzkleid** Verkleidungen aus Holz, die um die Zinnen der Mauern und Türme gebaut wurden. Sie boten den Verteidigern bei einem Angriff besseren Schutz vor den Geschossen der Angreifer.

**Schießscharte** Aussparung in der Burgmauer, durch die man während eines Angriffs die Gegner z. B. mit Pfeilen beschießen konnte und dabei selbst geschützt war.

**Schwertleite** Mit der Schwertleite (auch Ritterschlag genannt) wurde der Knappe in den Ritterstand erhoben: Nach einem Treueschwur des Knappen wurde er mit dem Schwert leicht an den Schultern berührt und erhielt Schwert, Schild und Helm, manchmal auch ein eigenes Pferd.

**Turnier** Volksfestartige Veranstaltungen von Kampfspielen im Mittelalter, die mehrere Tage andauerten. Das Lanzenstechen der Ritter galt als Höhepunkt eines Turniers, daneben wurden aber auch Wettkämpfe im Bogenschießen, Ringen und Schwertkampf ausgetragen.

**Verlies** Unterirdisches Gangsystem einer Burg, Gefängnis

**Vorburg** Burganlage innerhalb des äußeren Befestigungsrings. Hier waren vor allem die Vorratsräume und Werkstätten untergebracht.

**Wappen** Ritter waren in ihrer Panzerung leicht zu verwechseln. Mit den Symbolen auf den Wappen konnten die Ritter gut auseinander gehalten werden.

**Wasserburg** Burg inmitten eines Sees oder Flusses (z.B. Burg Pfalzgrafenstein in Rheinland-Pfalz)

**Wegezoll** Entgelt für die Nutzung von bestimmten Straßen

**Wehrgang** Gang auf einer Burg- oder mittelalterlichen Stadtmauer. Hier konnten die Verteidiger – geschützt durch Zinnen und Brüstung – hin und her laufen.

**Zinne** Pfeiler auf der Brüstung des Wehrgangs; dahinter konnte man bei einem Angriff in Deckung gehen.

**Zunft** Zusammenschluss von Handwerkern

## Bildnachweis

Pixelquelle: Umschlagvorderseite (Bildleiste Mitte), Seite 11 (oben links), Seite 28 (Bildleiste oben rechts), Seite 29 (Bildleiste oben links)

DIGITALstock: Seite 11 (oben rechts), Seite 28 (unten), Seite 28 (Bildleiste oben Mitte), Seite 29 (Bildleiste oben rechts), Seite 29 (Mitte)

© Andy Winkler, www.Ruinenland.de: Seite 11 (oben Mitte)

Wikipedia: Seite 28 (Bildleiste oben links), Seite 61 (unten), Seite 64 (oben), Seite 69 (Mitte rechts),

© Ludolf Dahmen: Seite 29 unten

Universitätsbibliothek Heidelberg: Seite 53 (oben), Seite 63 (oben)

Mittelalterliches Kriminalmuseum Rothenburg o.d.T.: Seite 65 (oben Mitte u. rechts)

© Bernd Walther, Heidenau, Seite 68 (oben)

© Herbert Boswank, Dresden, Seite 68 (unten)

© Peter Ernszt: Seite 70 (unten)

Druckerei Schmidt, Ansbach: Seite 70 (oben rechts)

Aulendorfer Ritterkeller: Seite 71 (oben)

Capella Antiqua Bambergensis: Seite 71 (unten)

## Quellenangaben:

Zitat auf Seite 29: König Ludwig II. und Richard Wagner: Briefwechsel (Bd. 2) / hrsg. Winifred Wagner. – Karlsruhe, 1932. – 4 Bde. Der Originalbrief befindet sich im Wuhnfried Archiv / Richard-Wagner-Archiv (RWA) Bestand: Nachlass Richard u. Cosima Wagners. Ort: Wahnfried, Festspielhaus, Wahnfried.

Zitat auf Seite 47: „Yconomica-Hausbuch" von Konrad von Megenberg, Kap. 14; 1352

Zitat auf Seite 69: Brief Ulrich von Hutten an Willibald Pirckheimer 1516 (Druck: W. Trillitzsch, Der Renaissancehumanismus, Leipzig/Frankfurt a.M. 1981, S. 450 ff.).

Bibliografische Information Der Deutschen Bibliothek

Die Deutsche Bibliothek verzeichnet diese Publikation in der Deutschen Nationalbibliografie; detaillierte bibliografische Daten sind im Internet über **http://dnb.ddb.de** abrufbar.

4 3 2 1   10 09 08 07

© 2007 Ravensburger Buchverlag Otto Maier GmbH
Postfach 1860  D-88188 Ravensburg
Alle Rechte, auch die des auszugsweisen Nachdrucks, vorbehalten
Text: Kristina Wacker
Illustrationen: Alessandro Baldanzi, Charlotte Wagner
Redaktion: Karin Baege
Umschlagkonzeption: Dirk Lieb
Typografie und Satz: Adam Koller
Printed in Germany
ISBN 978-3-473-55158-3

www.ravensburger.de

Schicke uns eine Karte mit dem richtigen Lösungswort oder eine E-Mail. Wir verlosen jeden Monat 10 Buch-pakete unter den Einsendern!

**Gewinnspiel-Adresse:**
Ravensburger Buchverlag
Otto Maier GmbH
Kennwort ‚Expedition Wissen'
Postfach 2007
88190 Ravensburg
Deutschland

**Mailadresse:**
buchgewinnspiel@ravensburger.de, im Betreff Kennwort ‚Expedition Wissen'

Du kannst auch **online** am Gewinnspiel teilnehmen! Trage das Lösungswort ein unter der Rubrik „Knack den Code" auf der Seite **www.expedition.wissen.de**.

Viel Glück!